仕事のムダをゼロにする

超効率DXのコツ全部教えます。

内田光治
ワークデザイン代表取締役 兼
ウチダレック専務取締役

アスコム

ひとりあたりの営業利益2・5倍
経費を40%に削減
業界初の「週休3日制」の導入
離職率は半分以下に激減

わたしは、これらすべてを
「超効率DX」
で実現しました。

しかも、これは新進気鋭のベンチャーや都会の大企業ではなく、
日本でもっとも人口の少ない鳥取県にある
ごくふつうの不動産会社での出来事です。

「DX」という業務改革に対し、
どこか漠然と**「大企業で行われること」**
というイメージをお持ちではありませんか？
「騒がれている割に、身近な話題に感じない……」

実際、2000年代初期の「IT革命」がそうであったように、
社会全体を変えてしまうほどの変革は
まず、大企業や一部の先駆者によってなされてきました。
そこで、「どうすれば事業に落とし込めるか」という、
トライ&エラーが行われるのです。
「これをやれば『IT革命』ができますよ!」と、
ITに疎《うと》くても安全に簡単に、事業に落とし込めるよう
サービス化されてから、多くの中小企業が導入することになります。

でも、そのときには多くの競合企業も同じ改革をしていて、
「優位性」はほとんど生まれません。

むしろ、「改革がちょっと早かった企業」が
優位性を発揮して業績を伸ばし、
「え、まだやってないんですか？」なんていってくる。

いま、「DX」も同じことが
起ころうとしています。

「ＤＸ」はいま、
大企業を中心に挑戦されています。

しかし、いまだ大企業でも成功事例はわずかというのが実情です。
まして、**中小企業では「挑戦すらしていない」ことがほとんど**です。
このままでは、「ＩＴ革命」と同じ道筋をたどるでしょう。
これは、中小企業にとって

非常にもったいない機会ロスです。

「ＩＴ革命」は、ＩＴ機器の物理的な大量投下が不可欠で
莫大なコストが必要でした。
でも、わたしがこの本でお伝えする「超効率ＤＸ」は、
何百万円もする特別なＩＴ機器への投資は必要ありません。
何千万円もするシステム設計を依頼する必要もありません。
数人で営む事業なら、月々数万円の固定費で済みます。
コストも労力も少なく、効率的に、企業の抱える業務のムダを
徹底的にそぎ落とす。

組織の規模が小さい中小企業であっても、
実現しやすい業務改革が「超効率ＤＸ」なのです。

つまり、**「超効率ＤＸ」は、**
他の先進的な企業と比較してもそん色ない業務環境を実現し
圧倒的な生産性の向上を実現する、
中小企業でもチャンスを創出できるもの
といえるでしょう。

わたしは、東京の大企業で経験した業務のあり方を
カスタマイズして、
実家で営む50人規模の不動産会社「ウチダレック」に
約5年かけて導入しました。
冒頭に出した数値は、その成果です。

わたしが「ウチダレック」に入社した5年前は、
「うちはみんなＩＴが得意じゃないから……」と
あらゆる情報管理が「紙」でなされ、
営業のスケジュール管理もホワイトボードがひとつあるだけ。

特定の人だけが忙しく連日残業、休日出勤もあたりまえで、
「この仕事はわたししかできないから仕方ないの」と疲れた笑顔。

案件の進捗状況が詳しく見えないから、
翌週の業務量も予測できず、
繁忙期はどの部署も大パニックに……。

そこから業務効率を高めるため、
業務プロセスをスリム化しました。

すべての業務をマニュアル化して公開し、
誰でも業務を共有できるよう整備。

さらに、より機能的に生産性の高い働き方ができるよう、
「クラウド型ＣＲＭ」というシステムを導入しました。
もう、社員がひとりで仕事を抱えて潰《つぶ》されることはなく、
組織で仕事を共有して対応することで、
繁忙期でも残業0になりました。

これが、わたしの実現した「超効率ＤＸ」です。
取り組んだ当時は大変でしたが、いろいろやり方がわかり、整理できたからこそいえます。

「超効率ＤＸ」はけっして難しいものではありません。

① 業務環境の整理
② 「クラウド型ＣＲＭ」というシステムの導入

この2ステップで実現できます。

「ＤＸ」は、９割の企業が「実行できない」「失敗する」
という人もいます。
だからこそ、
改革をやりきった先にあるのは「圧倒的な優位性」です。
そして、プロセスさえしっかりすれば、
やり抜く決意があれば、必ずうまくいきます。
本書に収めたわたしの体験と実現へのプロセスを参考に、
いまだ正解なしといわれる「ＤＸ改革」を
切り拓《ひら》いていってください。

目次

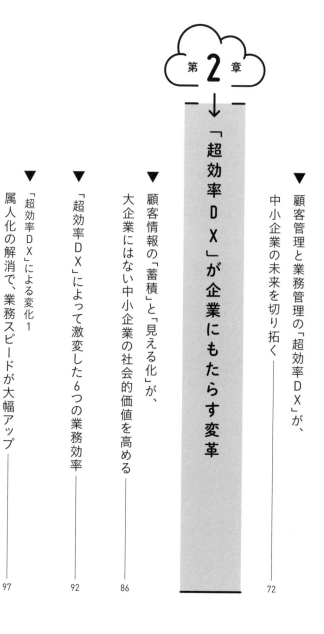

第2章

「超効率DX」が企業にもたらす変革

第3章

「業務環境の整理」なくして「超効率」は実現しない

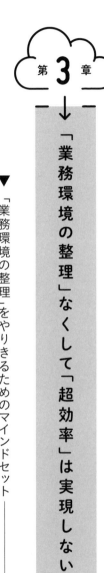

第4章
システム導入で失敗しないために絶対に必要なこととは

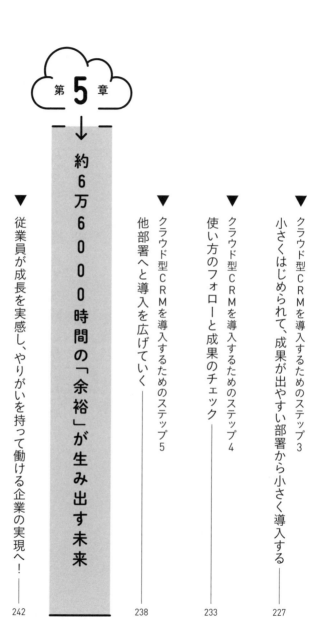

はじめに

はじめまして。鳥取県米子市の不動産会社「株式会社ウチダレック」の内田光治《うちだみつはる》と申します。

わたしは29歳だった2016年に東京のＩＴ企業を退職し、地元に戻るかたちで実家の不動産業の3代目としてウチダレックに入社しました。

2代目にあたる父には申し訳ないのですが、職場の情報管理体制は現代のスタンダードから考えればかなり遅れており、その結果、企業の典型的な「非効率要因」を生み出していたのです。

そこで、その問題を解消するためにわたしが行ったことがふたつありました。

①業務環境の整理

業務プロセスのムダを排除し、マニュアル化

②「クラウド型ＣＲＭ」の導入

「クラウド型ＣＲＭ」を導入し、顧客情報や案件の進捗状況、業績などあらゆる社内の情報を「見える化」。さらに、システムがすべての部署・部門の業務をサポートし、事業全体を一気通貫で効率化

その詳細をお伝えしながら、どう「超効率」を実現していくのかを、本書で語っていきたいと思います。

なお、この一連の「超効率ＤＸ」の取り組みが**「地方発、中小企業ＤＸの好例」**として評価され、経済誌などのメディア掲載だけでなく、いくつかの賞をいただきました。また、慶應義塾大学のビジネススクールのケーススタディに採用されるなど、ウチダレックの改革事例をお伝えする機会が増えています。

そのように当社の一連の改革が評価されたのは、ウチダレックが「地方の中小企業」であったからでしょう。中小企業、とくに地方の企業では「20年前から業務が変わっていない」ということも珍しくありません。

極端な例になりますが、地方の旅行先で買った水産加工品がとてもおいしかったので通販できないか探してみたら、「ＦＡＸや電話で注文するシステムだった」ということは実際によく起こります。そこから先、紙の帳簿やエクセルで注文管理や顧客管理をしていることは想像に難《かた》くありません。

事業規模が小さければ、それがけっして悪いとはいいません。ですが、効率的でないことは間違いなく、注文が増えれば現場は混乱します。「これがウチの対応力の限界だから仕方ない」とあきらめ、スモールビジネスに甘んじる一因となります。購入した人が「また食べたい」と思うほど、魅力的な商品をつくっているのに――。

でも、限界ではないのです。業務環境がむかしから変わっていないのなら、業務プロセスを見直し、システムを導入すれば業務量は緩和されます。そのことにより、もっと休暇を増やしたり、事業拡大の余地をつくったりすることができるでしょう。

程度の差こそあれ、「当社もむかしから業務のやり方が変わっていない」と感じるなら、必ず改善の余地はあります。

必ずしも、ＤＸとしてシステムの導入にこだわることはありません。業務プロセスのムダを省き整理して、従業員が働きやすくするだけでも大きな効果が得られる場合もあります。

そのため、本書ではシステムの導入以前の「①業務環境の整理」にも多くのページを費やし、しっかりと説明していきます。

一方、**「②クラウド型ＣＲＭの導入」は、わたしが説明する「超効率ＤＸ」を「ＤＸ」たらしめる重要なプロセスです。**

資本のある大企業なら、莫大なコストを投下し、自社の業務全般を一元管理できるオリジナルのシステム開発を実行することができます。

しかし、いまは**数億円、数十億円の開発費がかかるようなシステムを企業が「所有」しなくても、月々数万円から「利用」することができます。**

それを可能とするのが、**「クラウド」と「サブスクリプションモデル（従量課金制）」**です。

自社にサーバーなど高価なＩＴ機器を購入・設置する必要がなく、ふつうのＰＣだけで大規模なシステムを運用することができる**「クラウド」**のシステムを、月々の使用量に応じた支払いで利用可能な**「サブスクリプションモデル」**で活用するのです。

この「超効率ＤＸ」で導入する「クラウド型ＣＲＭ」とは、まさにそうしたシステムです。

数人の企業であれば月々数万円の利用料で済むため、**資本のない中小企業、さらにいえば個人事業主でもＤＸを実現することができる**のです。

しかし、こんな不安を持つ人もいるでしょう。

「わたしはＩＴが苦手だから、扱える気がしないよ」

正直なところ、わたしは経営者が**「ＩＴが苦手だから」というだけで、ＤＸに手をこまねいている余裕はない**と思っています。

というのも、この先、**人口の減少により国内需要は確実に減っていく**からです。

確実に、生き残りのための競争は激しくなっていきます。

また、人材も容赦なく減っていき、まして、**優秀な人材は取り合いになる**でしょう。小さい会社であればあるほど、人材獲得競争に敗れる可能性は高まります。

そんな未来が確実にやってくるのに、「ＩＴが苦手だから現状維持」といっている企業に、魅力を感じる人材はいるでしょうか？

市場が縮小し、人材も確保できなくなれば事業規模は自然と小さくなり、やがてスッと消えてしまいます。

中小企業ほど、消滅までの時間は早いでしょう。

「ＤＸ」というキーワードが噴出している現在は、その縮小のスパイラルにおける重要な転換点なのです。

それでも、あなたがＩＴの苦手意識を拭えずに足を踏み出せないのなら、本書でやるべきことだけ理解したうえで、**ＩＴが得意な人間にまかせてしまいましょう。**

社内に最適な人材がいるのなら、権限を与えて一緒に取り組むのです。

また、そんな人材がいないのなら、システムの活用や企業への導入に詳しい人間を雇い入れるのもありですし、「アウトソーシング」としてコンサルティングを依頼することも検討すべきではないでしょうか。

もちろん多少のコストはかかりますが、苦手意識を持ったまま問題を先延ばしにするより、ずっと建設的だと思います。

生産性の高い企業は働きやすく、収入もいいので人材が集まり、消えていく企業のシェアを引き継いで生き残れます。

だからこそ、いま**生き残りをかけた「超効率DX」が必要**なのです。

本書は、なるべく多くの業種の事業に共通する課題に触れるように書いていますが、わたしの経験に基づくことから、不動産業に特化した話題になる部分も多々あります。

ですが、そこを自社にあてはめて考えてもらえれば、あなたの会社のDXを成功させるヒントになるはずです。

第1章

なぜ中小企業に「超効率DX」が必要なのか？

なぜ、いま中小企業が「超効率DX」に取り組む必要があるのか。
そして、「超効率DX」とはどのような課題を解決し、効率化を実現できるのか——。
第1章では、そのあらましを説明していきます

あなたの会社は、いまのままで本当に10年後、業績を落とさずにいられますか？

▼ＤＸに取り組めない中小企業が抱える、4つの心理的な壁

わたしはいま、ウチダレックでの「超効率ＤＸ」の経験をもとに、主に中小企業のＤＸを支援する活動をしており、いろいろな中小企業の経営者のみなさまとお話をしています。

そのなかで、「ＤＸを進められない」「興味がない」とおっしゃる経営者に「なぜＤＸに踏み切れないのですか？」という質問をすると、返ってくる言葉の四天王といっていいのが、次のようなものです。

社員の反発にあうのではないか？

時間的、金額的コストに見合うのか？

ＩＴリテラシーのないうちでは無理。

ＤＸ化してうまくいっている中小企業の話を聞かないから。


これらは、ＤＸ化を阻《はば》む4つの心理的な壁といってもいいでしょう。

このように考えると、ＤＸ化を先延ばしにしようという気持ちになり、頭のなかには課題としてあるものの、そのまま放置してしまうというわけです。


しかし、みなさま本当はよくわかっているのです。

「このままではダメだ」「ムダが多いなあ」と思いながらやる仕事の辛さを。

現状の業務に追われ、なにひとつ新しいことに取り組めていない怖さを。

疲弊しきった社員が辞めていき、それを補充して、また同じことが繰り返されていくことのむなしさを――。

「このままではまずい」と、経営者も従業員も薄々は気づいているのに、ＤＸ化を先延ばしにしているのです。

10年後、いまのままで、業績を落とさずにいられると思いますか？
その根拠はなんでしょうか？

それらの問いに対し、自信を持って明確な答えを出せる人などそういないと思います。世の中はつねに変化し、しかもそれがどんどん厳しい環境に向かっているのですから、どんなビジネスだって「むかしと同じまま」でいられるはずがありません。
そのため、冷静に現実を見据え、先述した心理的な４つの壁を打ち崩し、業務改革に取り組むべきだとわたしは考えます。

とはいえ、心理的な壁を打ち崩すのはなかなか難しいものです。
経営者にＤＸ化を進言しても、この心理的な壁のせいで、受け入れられなかったというケースもたくさんあります。

わたし自身がウチダレックでＤＸ化を進めていく過程でも、この心理的な壁が邪魔をして、心が折れそうになったこともあります。

そこでまずは、わたしなりの心理的な４つの壁に対する答えを紹介したいと思います。

ひとつ目の**「社員の反発にあうのではないか」**という心配は、おそらくどの企業でもあることでしょう。

現に、わたしの会社では**この改革で約半数の社員が反発して退職**してしまいました。

「成果が出て」「収入が増え」「残業が減った」にもかかわらず、です。

「古い働き方は変えていこう！」

その言葉は、必ずしも従業員に歓迎されるとは限りません。

「超効率ＤＸ」は、それまでの業務の悪習をすべて洗い出し、業務のあり方をすっかり変えてしまう改革です。

従業員からすれば、いままで自分が正しいと思ってやってきたことを、「あなたのやり方はムダが多い」と否定されることになるわけです。

はじめは「プライドを踏みにじられた」と感じ、我慢ならずに退職する人も出てきてしまうでしょう。

しかし、徐々にでも成果が出はじめれば、従業員の気持ちは確実に変わっていきます。改革による成果が出て、共感の輪が広がるまでが我慢のしどころです。

「退職されたら業務が回らなくなるよ」と不安になるかもしれませんが、**退職によって空くリソースの穴は効率化でカバーすることができます。また、従業員に退職されると心理的な負担は軽くありませんが、それでも「改革をやりきる」ことで、改革前には考えられなかったような成果を出すことができます。**

残念ですが、「退職者は出る」ということです。

その前提に立ったうえで、改革を検討してください。経営者ならびに「超効率DX」の推進者には、そこで心が折れないぐらいの「覚悟」は必要不可欠です。

次に、**「時間的、金額的コストに見合うのか？」**という話です。

これも機器やシステムの導入が絡むと、必ず浮上する疑問です。

10年ほど前まで、システムの導入といえば「基幹業務システム」のことであり、こんな印象を持っている人が多いようです。

・設計と開発に数千万円のコストがかかる
・社内にサーバー機器やデータベース、システム担当者を置く必要がある

近年では基幹業務システムはパッケージ化によって数百万円まで導入コストは低下しましたが、「システム＝高額」というイメージは否めません。

しかし、先にお伝えしたように、**「超効率ＤＸ」にかかるコストは「クラウド型ＣＲＭ」の導入による「サブスクリプションモデル」の固定費のみ**です。

「クラウド型」とは、システムをみなさまの社内のＰＣや機器にインストールして管理するのではなく、ベンダー（システムの提供元）がオンライン上で管理するシステムのことを指します。

みなさまはＰＣからオンラインでシステムにアクセスし、「まるでＰＣにインストールされているかのように」使うことができる仕組みです。

ですから、社内にＰＣ以上の特別なＩＴ機器も、それを管理するシステム担当者も必要ありません。ＰＣとインターネット環境があればいいので、システム導入の初期コストはグッと下がります。

また、**「サブスクリプションモデル」とは「従量課金制」**のことで、一般的には「サブスク」と呼ばれています。

システムを「買い切る」のではなく、「使う人数」「利用期間」に応じて月額や年額で利用料を支払う仕組みです。例えば、最近ではワードやエクセルといった初期購入にそれなりの費用がかかるものも、買い切りではなくサブスクによる月額料金で使えるようになり、便利さが増しています。

クラウド型CRMの「利用料」を固定費として支払うだけですから、導入コストはそれほどかかりません。

後述しますが、「超効率DX」ではクラウド型CRMを少人数の部署から試験導入し、まず成果を出してみることをすすめています。

その際、5人の部署からスタートしたような場合であれば、月額数万円のコストで済む場合もありますので、その**コストに対する「超効率DX」のメリットは「絶大」**です。

心理的な壁の3つ目、**「ITリテラシーのないうちでは無理。」**についてです。

「ITリテラシー」とは、ITに対する理解度やIT機器を操作する能力のことです。

要は、「ITを使い慣れているかいないか」ということを測る、指標になるような言葉です。

ＩＴを使い慣れている場合であれば、初めて触るシステムでも「なんとなくわかってしまう」ことが多く、ＩＴに対して不安や恐れがありません。

ですから、もしみなさまが、これまであまりＩＴを使いこなしてこなかった「ＩＴリテラシー」の低い場合は、いきなり「高い人になってください」とはいいません。「エクセルが苦手」でも「メールの設定方法がわからない」でも、それはそのままで構いません。

「クラウド型ＣＲＭ」を導入する以上、「それを導入するとなにができるのか」は学ぶ必要がありますが、導入を検討するにあたっては、システムのベンダーのサポートセンターや営業スタッフが懇切丁寧に教えてくれます。

そして、「クラウド型ＣＲＭ」を理解したら、**それを使って「自分の会社をどういうふうに効率化したいのか」を考えていきましょう。**

本当は、そのまま「クラウド型ＣＲＭ」をマスターして従業員に使い方を指導できるようになってほしいところですが、それが**難しいようならアウトソーシングするか、得意な人に任せましょう。**

まずは、その程度の気構えで問題ありません。**「超効率ＤＸ」に向けた行動をはじめることがなにより先決です。**

▼ＤＸ化で失敗する企業のふたつの要因

最後に、**「ＤＸ化してうまくいっている中小企業の話を聞かないから。」**についてです。

理由のひとつは、ＤＸ化に本気で取り組む企業が少ないことです。

一般社団法人日本能率協会が行った「２０２０年度 第41回当面する企業経営課題に関する調査」によると、すでにＤＸに着手している中小企業は、15・２％しかありませんでした。

これは、一般社団法人日本能率協会の会員企業に行ったアンケートなので、業務効率化に対してある程度意識の高い企業の答えだと見ることができます。

それでも、まだこれだけの企業しかやっていないのです。

そのうえ、その難易度はかなり高く、**「約9割の企業がDXに失敗する」**ともいわれています。

これまで、多くの企業がこれから説明するふたつの要因によってDXに失敗しており、ただ漠然とやるだけでは、この先も同じ現象が続くと考えられます。

では、その「ふたつの要因」を見ていきましょう。

1、業務環境を整理せずに、システムを導入する

DXを「システムを導入すればどうにかなる」と考えてしまうケースです。

業務プロセスの見直しや、業務バランスの偏り、従業員の意識改革など業務体制の問題を解決せずに、システムだけをはめ込んで現場が混乱し、結局、誰もシステムを

使わずにそのまま放置……。

あるいは、「活用されているフリだけして、あとは元のまま」となります。

この失敗は、**決裁権を持つ経営者や幹部が「現場の業務」をよく理解せずＤＸを進めたことが原因**です。

2、不完全なＤＸによってシステムが無意味化する

例えば、あるメーカーで営業部だけがクラウド型ＣＲＭなど最新のシステムを導入し、製造部や管理部などの他部門はアナログ管理や古い基幹システムを維持していたとします。

そうなると営業部だけはペーパーレス化やＡＩによる営業活動のサポートなど先進的な働き方が実現し、業務効率が高まりますが、ほかの部署には効果を波及させることができません。

営業活動は先進的なのに、成約した案件の処理を社内の管理部に依頼するときは

メールと書面でやる。そこから製造部へのフィードバックのために、わざわざデータを抽出して自分で書類を作成する。そんな手間が結局残ります。

営業活動だけを効率化しても意味はなく、他部署の業務との連携まで含め事業全体をＤＸ化しないと効果が薄いということです。

この失敗は、**決裁権を持つ経営者や幹部が「システム」をよく理解せずＤＸを進めたことが原因**です。

逆に考えると、これまで説明したふたつのことを意識すれば成功する可能性がグッと上がるといえます。つまり**現場の問題を把握して改善し、それからシステムを理解して効果が出るように導入することが重要**なのです。

新しいことに挑戦するのは、なかなか勇気がいるのもよくわかりますし、簡単にできるものではないでしょう。

しかし、ＤＸ化はけっして中小企業にとってハードルが高いものではありません。

必ず訪れる「売上3分の2」時代に、非効率な企業は、生き残れない

▼中小企業に必要なDXは、とにもかくにも「効率化」

「DXなくして企業はもう生き残れない！」

そんなメッセージを、近年、ビジネス関連のメディアは世に発信し続けています。

しかし、上場企業と中小企業では、DXが必要とされる理由は異なります。

上場企業は株主への配当を暗黙のミッションとしていますから、つねに競争力を高め、成長し続けなければなりません。

いわば、株主たちの期待を背負っています。

資金力の豊富な上場企業、ないしは投資を受けるような市場競争力を持つ企業にとってのＤＸは、非常に大きな意味を持ちます。

「革新的なビジネスモデルの構築」

「いままでになかった新しい生活様式や価値の創造」

インパクトのある改革で業界のリーディングカンパニーを目指す必要があるからこそ、そのように大々的なものとなります。

しかし、多くの中小企業にとって喫緊《きっきん》の課題は、そんな社会をも変革させる高次元なＤＸではありません。

必要なことは、とにかく**業務を効率化し生産性を高める**こと。そして、しっかりと**長期にわたり企業が存続していく基盤を構築**すること。それに尽きるのではないでしょうか。

その理由は極めてシンプルです。

「人口減少によって市場が縮小し、売上が自然と減少していくから」です。

■ 日本の人口は30年後に「5分の4」、50年後に「3分の2」に減少する

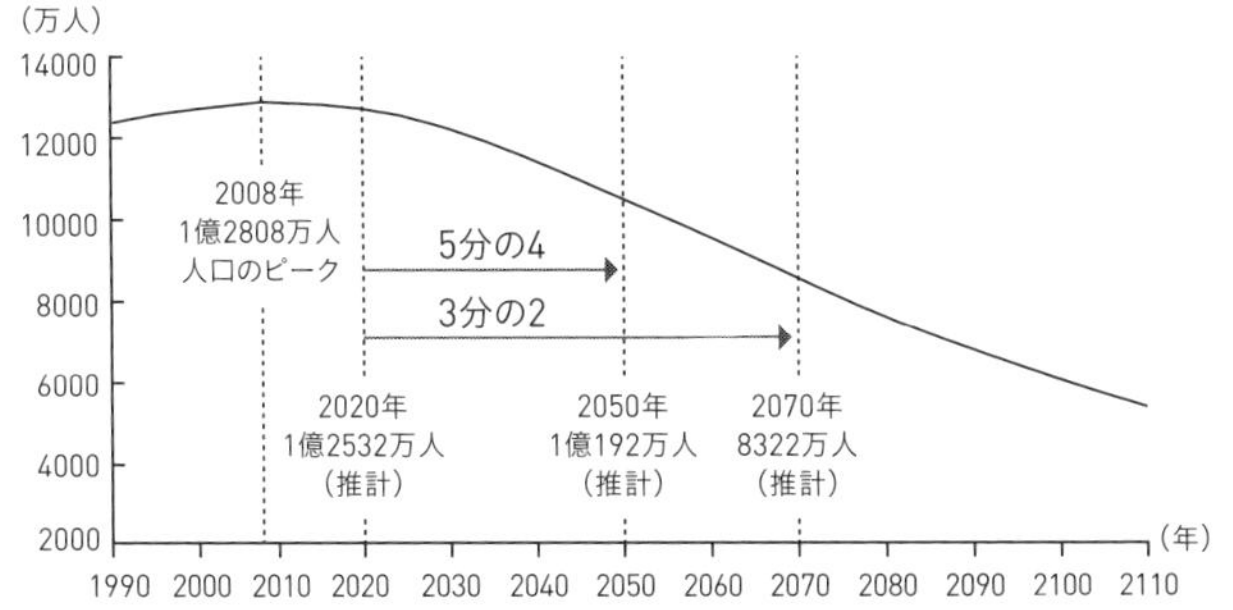

出典：総務省「国勢調査」、国立社会保障・人口問題研究所「日本の将来推計人口（平成29年推計）」

政府の推計によれば、30年後に日本の人口は5分の4となり、50年後には3分の2になるといわれています。

つまり、みなさまが絶え間ない企業努力をして、30年後も変わらぬシェアを維持できたとしても、**人口が5分の4になることで、単純計算で売上が5分の4になる**のです。

「ああ、確かにそうだよね」と流してしまいそうになりますが、真剣に考えてみると、これは深刻な問題だと思いませんか？

「5年後に河川の氾濫危険地域は居住禁止になり、商圏人口が5分の4になる」
「さらに10年後には自衛隊基地ができて、商圏人口は3分の2になる」

もしも、急にそんな決定が下されたら、地域の事業者はみんな慌てふためくことでしょう。地域の商工会や業界団体の地域支部でも、中長期の最重要課題として話し合いが行われるに違いありません。

誰しも近い未来であればリアリティを感じ、危機感を抱くことができます。売上は確実に減少し、さらに、その影響で地域の過疎化も進行するかもしれない。子どもたちに活気あるふるさとを残したいと、ずっと先の将来にまで不安を抱くはずです。

それが30年後、50年後だと、途端に対岸の火事として危機意識を持たなくなってしまいます。しかし、起こることは一緒です。

ただ、時間感覚の違いでわたしたちの危機意識が高まらないというだけのこと。

時間に余裕があるときにでも、何社かの上場企業のWEBサイトを開き、会社案内や株主通信を閲覧してみてください。

未来の人口減少に向けた具体策として、少人数でも運営できる事業形態や、従来型ビジネスが破綻することを見越した新しいビジネスモデルの構築などがたくさん紹介されています。

大企業でも、経営者や従業員個人にとっては、30年後、50年後の未来はもはや定年退職後で、個人としての危機意識は実際のところないかもしれません。

でも、法人としての企業は存続している可能性があるため、未来に向けた取り組みをすでにはじめているのです。

そうであれば、平等に人口減少の影響を受ける中小企業も、準備をしないで無事にいられるわけがありません。

売上5分の4でも事業を維持できるように、事業コストや業務効率のあり方を進化させ、さらにその先の3分の2の時代に向けた準備をすることが急務なのです。

▼地方の中小企業こそ「超効率DX」が求められる

わたしが人口減少の問題に敏感になれたのは、「跡継ぎ」であることが大きかったと思います。

わたしは、地方（鳥取県）の不動産会社「ウチダレック」の現役役員であり、3代目の継承予定者です。

家族だけの「商店街の不動産会社」からスタートし、約50年にわたって鳥取県米子市に根を張り、父の代で社員数は50名を数え、「地域ナンバーワン」といって差し支えない不動産会社に成長することができました。

しかし、**人口減少に併せて起こっている少子高齢化は、都心部以上に地方において深刻**です。

不動産業というのは、賃貸でもマイホーム購入でも20代、30代のニューファミリー層がメインのお客様となります。

しかし、鳥取県米子市では2005年をピークに、そこからの15年間で20代、30代の人口はすでに25％も減少しています。

メインターゲットが4分の1もいなくなったのですから、業績にもその影響は顕著に現れています。

日本全国で見ても、40年後に20代、30代人口は「半分」になる見込みですが、鳥取県のような地方は全国に先駆けて減少が加速するでしょう。

それは、**現在30代である自分が跡を継いで、少なくとも30年間、代表として経営しているあいだに確実に訪れる未来**なのです。

このままでは、わたしの代で確実に事業は縮小、あるいは破綻します。

「それなら、いま黒字経営ができているうちに改革を行おう」

そうして2016年から取り組みはじめたのが、**「超効率ＤＸ」**です。

もともと、そんな名付けはしていなかったのですが、今回の書籍刊行にあたり、制作スタッフが「でっかくいきましょう！」と考えてくれました。

■ 20歳～39歳人口の減少

米子市の20歳～39歳人口推移

2005年からの15年間ですでに25%減少

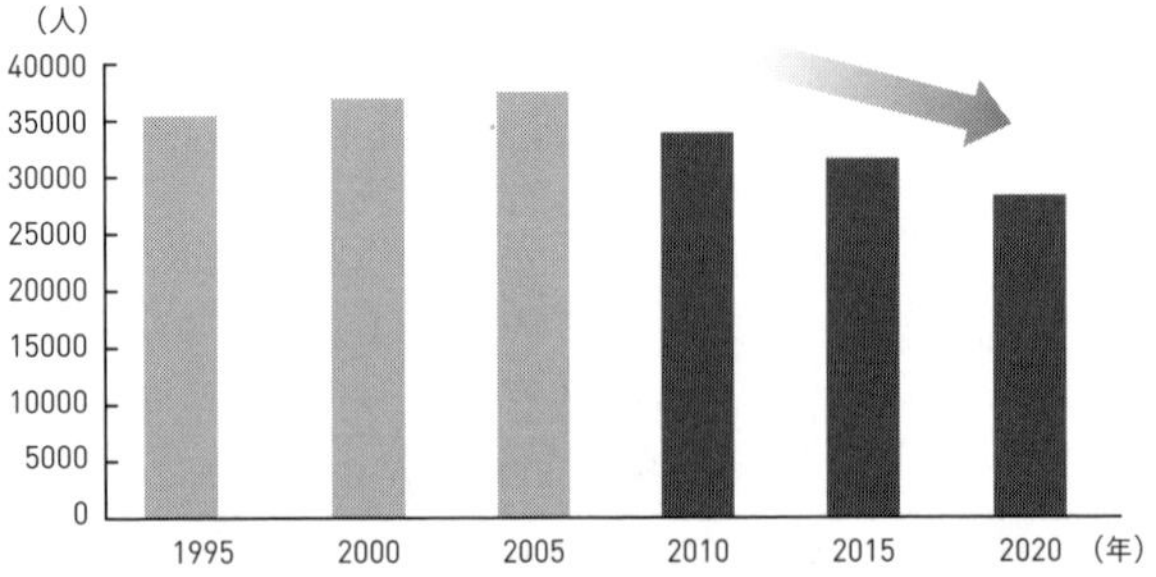

出典：米子市人口統計

全国の20歳～39歳人口推移

2009年3272万人 → 2050年1658万人に減少

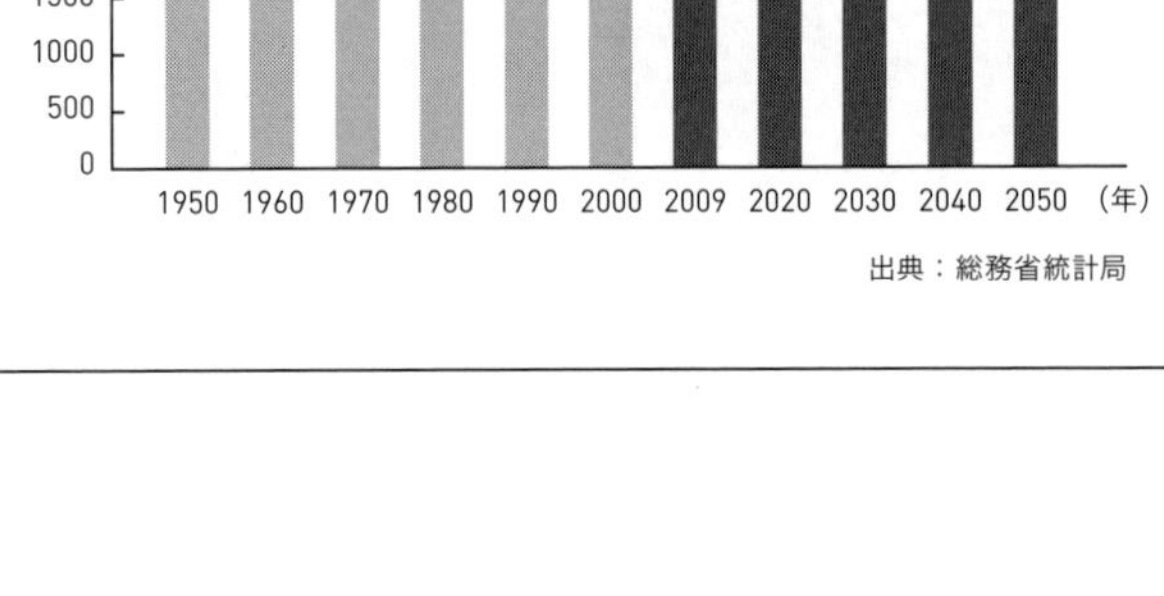

出典：総務省統計局

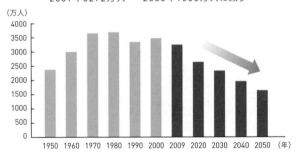

ただ、もっとも効率的という意味とともに、中小企業が、いかに時間とコストをかけずに効率的に取り入れられるという意味も含めた「超効率」のＤＸであることは確かです。

ちなみに「超効率ＤＸ」によって当社は、次の成果を挙げることができました。

- **不動産業界初の「週休3日制」の実現**
- **経費削減率40％**
- **ひとりあたりの営業利益2・5倍**
- **そのうえで売上アップ**

名前負けしない成果を挙げることができたと自負しています。

ぜひ本書を参考に、みなさまもたとえ**将来、商圏の市場が3分の2になっても事業を継続できる、持続性の高い経営状態を実現**しましょう。

「超効率DX」で解消するべき、むかしながらの組織に根づく「5つの非効率課題」

▼生産性を低下させる、代表的な5つの要因

本書でお伝えする「超効率DX」の全体感をつかんでもらうために、まずは当社ウチダレックにどのような業務効率を妨《さまた》げる問題があり、改革を必要としたのか、その概要を説明していきます。

2016年にわたしが入社した当時のウチダレックは、「地域ナンバーワン」のポジションにある不動産会社でありながら、その業務環境や業務プロセス（業務のやり方）には改善の余地が多分にありました。

そのなかでも、大きなポイントは次の5つです。

〈5つの非効率課題〉

1、顧客情報・進捗状況が「見える化」されず、組織的な業務ができない

2、業務内容が見直されず、ムダな作業工程がある

3、業務が属人化し、引き継がれない

4、トップセールスのノウハウが共有されない

5、PDCAサイクルの不能

少しオーバーにいえば、**「業務がムダに面倒」で「みんなバラバラの仕事の仕方をしている」**状況です。

それぞれの問題について解説していきます。

1、顧客情報・進捗状況が「見える化」されず、組織的な業務ができない

顧客情報や進捗状況の管理は、訪問営業であれ窓口営業であれ、営業活動の土台となるものです。

顧客情報と進捗状況に加え商談内容がしっかり記録され、それらが組織で共有できなければ営業担当者しか状況を把握できず、対応も担当まかせになってしまいます。

以前のウチダレックは、まさにその状態でした。アパートなどの部屋を貸し出す賃貸営業の部門を例に説明します。

賃貸部門では、**お客様の情報も賃貸契約の進捗状況も紙の書類やエクセルでなされていました。しかし、閲覧性が悪くて誰も見なかった**のです。

結局、顧客情報も進捗状況も担当者しか把握できず、それぞれの営業が「個人商店化」していたのです。

恐ろしいことに、それでも業務は進めることができてしまいます。各自が自分の担当している案件を適切に管理さえできていれば、そこまで問題はないからです。

しかし、効率性や確実性を考えれば、そのやり方でいいわけがありません。

■ 顧客情報・進捗状況が「見える化」されず、
組織的な業務ができない

顧客情報・進捗状況を担当者しか把握できない

業務が「個人商店化」
組織的な分業ができず非効率におちいる

さらに、互いに干渉しない組織風土を形成

特定の従業員が
スキル・ノウハウを独占

ムダな業務プロセスが
発生・放置される

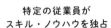

手の空いている従業員がいても担当件数の多い担当者が忙殺され、連絡漏れやミス隠し、手続きの遅滞《ちたい》があっても気づくことができません。

それに、営業というのは本来、部署でターゲットや売上目標を定め、組織的に分担・共有しながら目標達成に向けて活動すべきものです。

その組織的な動きがまったくできず、各自が個人売上のためにバラバラの方向性で動いていました。


これが営業だけでなく、物件管理を担当する管理部門や、経理部門などのバックオフィスでも同様に「誰がいま、なにをしているのかわからない」状況でした。

すると次第に、「他人の仕事に干渉しないこと」が職場の暗黙の文化となっていきます。

この風土が残りの４つの問題の原因となっていきますから、**案件管理の「見える化」は「超効率ＤＸ」における最重要課題**といえます。

2、業務内容が見直されず、ムダな作業工程がある

業務プロセスの効率化は、トヨタ自動車の「カイゼン」の文化に見られるように、本来であれば日本人にとって得意分野のはずです。

しかしそれは、共通の目標と方向性を持って、みんなで相互確認しながら試行錯誤をするという前提ありきです。残念ながら、**業務が個人商店化した状態では、それぞれの従業員がバラバラの方向性で自分の業務を「改悪」**していきます。

さらに、第三者の介入や指摘を受ける機会もなく、ムダな業務プロセスがあってもあらためられることはありません。

その状態が数年も続けば、職場は「ムダ工程」「ナゾ工程」の宝庫となっていきます。ときに、モラルに欠ける工程も生まれかねません。

わたしはウチダレックに入社して「超効率DX」に取り掛かる前に、各部署の業務を実際にやってみて業務プロセスの洗い出しをしました。

その結果、**客観的に見て「これ本当に必要かな？」「なぜ、こんなことをしているの？」と首をひねってしまうムダな工程が多分に見られました。**

実際に自分で見ることはとても大切です。

そこでもし、従業員に任せて「工程にムダがあれば見直しましょうね」といっても、「とくにありません」と返される可能性が高いでしょう。

長いあいだ同じ業務をしていると、どうしても、どう効率化すればいいのかと考えるよりも手を動かすほうを優先してしまいがちで、「とりあえずいま、なんとかなっているのだから大丈夫」「ほかの方法を考えるほうが時間のムダ」と考えて、ムダに対する感度は低くなりがちです。

だからこそ、日々業務に関わっていない第三者が見ると、想像以上に多くのムダが見つかるものです。

例えば、ウチダレックの経理部門では、出入金の仕訳作業をひとりの従業員が20年近くにわたって担当していました。

■ 業務内容が見直されず、ムダな作業工程がある

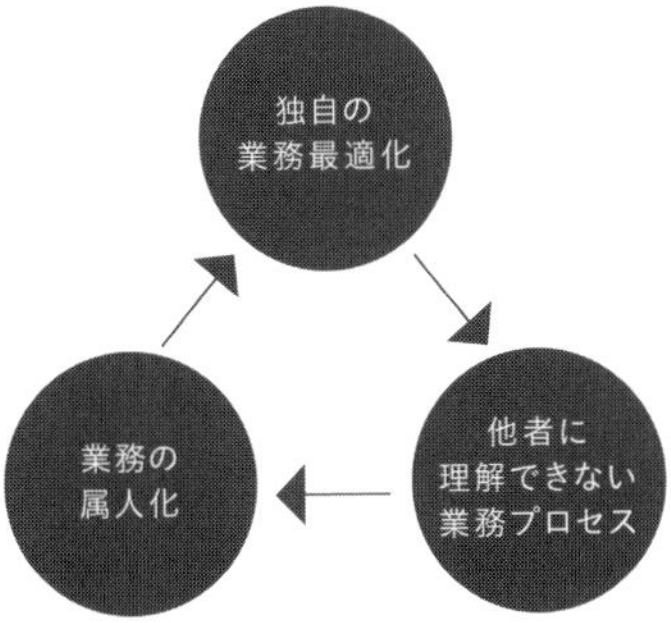

業務が個人商店化することで
業務プロセスはどんどん独自化

↓

業務のやり方も進捗状況も他者から見えず
「ムダなプロセス」があっても指摘できない

↓

効率性の低い業務プロセスが野放しになる

そうして独自に分類された仕訳項目は、なんと8000種類。その分類ノウハウが人間の頭のなかにある時点で驚きですが、これは現実に起きていた出来事です。不動産業の出入金は非常に複雑な仕訳になることは確かですが、あまりに不必要な仕訳項目の数です。

わたしも当社の経理部門の業務をひととおりやってみて、その特性などを理解したうえで、なんとか3000種類にまで削減しました。それでもまだ多いでしょう。

中小企業では、経理や財務の部門を「創業メンバー」が長年担当しているケースはとても多いと推測します。長年仕事をしている税理士などと一緒になって、細かくチェックしてみるといいかもしれません。

しかし、業務が個人商店化し、互いに不干渉が風土化している状況では、「もっと効率的にやりませんか?」という合理的な意見は、多くの場合で歓迎されません。というより、露骨にいやがられますし、わたしもかなりの抵抗を受けました。

そうした反応を受ける以上、担当者レベルにまかせても対応に苦慮し、改善がまったく進まない可能性が高いでしょう。よって、小企業ではトップが直接関与し、中規模以上でもトップの強い後ろ盾が必要となります。

トップの権限で少し強引にでも不要な業務を取り払い、代わりのプロセスなどの改善策をその場で決定できる体制で臨むべきです。そうでなければ、先ほどの仕訳の8000項目を大幅に削減するといったダイナミックな改善は、困難でしょう。

また、改善後はしっかりと検証を行い、ムダを省いても支障がなく、むしろいい効果が出ていることを本人や周囲に対して数値で示し、納得してもらうプロセスは必要不可欠です。

3、業務が属人化し、引き継がれない

各部署の業務プロセスを洗い出していくなかで、もっとも強い反発を受けたのは、「特定のスキルを独占している従業員」でした。

例えば、8000項目の仕訳に対応していた経理担当者もそうです。すさまじい抵抗を受けながら、業務の改善を図りました。

そのほか、長年にわたって売買契約書の作成を請け負ってきた従業員や、退去物件の敷金精算のスペシャリスト、クレーム対応のプロフェッショナルがおり、それぞれの業務を一手に引き受けていたのです。

そのスキルは会社の宝ですから、ぜひ**スキルを開示してもらい、マニュアル化することで、同じクオリティの業務を複数人で対応できるようにしてほしい**と考えていました。

ひとりのプロフェッショナルに仕事が集中すれば、残業過多や、対応待ちによる進捗の遅滞を招くからです。

現に、契約書作成などは1日で対応できるのに、「担当者が休みの場合を考慮して」3営業日の猶予《ゆうよ》で対応していました。

そのサービスの遅さは、お客様の不満と生産性の低下として、確実に跳ね返ってきます。

スキルの開示をお願いした結果、激しい抵抗を受け、ついには退職してしまう従業員も出ました。

彼ら彼女らにとって、**「自分にしかできない仕事」は一ビジネスパーソンとしてのプライドであり、職場におけるポジションを維持する源泉**でもあったのです。

「みんなで対応できれば会社にとっていいこと」という全体最適のメリットは、「組織で仕事をする」という考え方が失われた個人最適重視の従業員には、そう簡単に理解してもらえません。

改善を通じて得られた、業績向上などの「組織のメリット」と、労働時間の緩和などの**「個人のメリット」をセットで提示しながら時間をかけて意識をあらためてもらうことが大切**です。

■ 業務が属人化し、引き継がれない

「自分にしかできない」業務が
特権やプライドになり、
他者に共有しようとしなくなる

評価（給与）

優越感

ポジション

組織にとっては業務効率が低いうえ、
様々なリスクとなる

↓

業務の非効率	「契約書作成」など業務プロセスの重要業務が属人化し、ひとりの従業員に独占されると休暇や対応力によって、業務に遅れが生じてしまう
退職リスク	特定業務を独占している従業員の突然の退職や失踪、現場復帰不可能な事態におちいると業務に対応できる人がおらず、事業継続に支障をきたす
人材育成への悪影響	特定業務を一従業員に独占されることで、他の従業員が業務を学ぶ機会を失ってしまう

「超効率DX」の一連の取り組みのなかでも大きく反発を受けるプロセスですが、業務改善の基盤を整えるためには避けては通れません。

業務プロセスやスキルを洗い出しマニュアル化することで、以降の業務効率化の手段は大きく広がります。

誰でも新たな業務を習得することが簡単になり、マルチタスク化による効率化もできますし、外部の委託先にアウトソーシングすることもできるようになるでしょう。

また、人材採用の可能性を広げるリモートワーク採用にも乗り出すことができます。オンラインでは感覚的なことを手取り足取り伝えることは困難ですが、しっかり業務を言語化したマニュアルがあれば、リモートワークでの業務も支障なく行うことができるからです。

4、トップセールスのノウハウが共有されない

個人商店化した営業部門では、ベテランが自分のスタイルを確立し、トップセール

スとして活躍していました。

しかし、**「組織で成果を出す」という考えに欠けることで、ノウハウや優良顧客を独占し、部下や後輩に共有しない傾向**が見られたのです。

これでは、若手社員が「売れる営業の型」を学んだり、気づきを得たりする成長機会を得られず、やりがいや明るい未来を感じられず退職リスクも高まります。

トップセールスたちは、企業にとって売上の柱となる重要な人材ですが、好き勝手にされては組織にとって危険な存在となる場合もあるわけです。

この原因は属人化する組織風土もさることながら、**歩合制を導入していた制度上の問題**もありました。

そのため、制度の見直しとともにトップセールスのスキルやノウハウを開示してもらいマニュアル化することで、誰もが「売れる営業の型」を再現できる環境整備を行うことが求められます。

そうした教育ツールを整備するとともに、自分の業績不振や成長のために必要な課

■トップセールスのノウハウが共有されない

「個人商店化」した組織では
組織的な営業活動も困難になる

自分の力で築いてきたノウハウや顧客、
業務をベテランが独占。部下や後輩を育てない傾向に

顧客

ノウハウ

貢献度の
高い業務

若手や業績不振者が業績を伸ばすことができず
事業成長が頭打ちになる

事業が成長できない

トップセールスの売上で事業が支えられ、伸びしろのある業績不振者は打開策を見出せず低空飛行のままのため、組織全体の業績が伸び悩む

人材育成への悪影響

若手が成長するチャンスを失う。あるいは、トップセールスの雑務やサポート業務を押しつけられ、やりがいを感じられずに退職してしまう

題を分析できる情報基盤を整備し、若手が成長できる仕組みをつくっていく必要があったのです。

5、PDCAサイクルの不能

ここまでの4つの状況が起こることで、**個人主義な仕事のしかたがあたりまえになり、業務は属人化し、スキルやノウハウは固定化**していきます。

経済成長著しい右肩上がりの時代であれば、社内の瑣末《さまつ》なことは無視して個々の営業職がどんどん稼ぐことを優先し、現場はバタバタのままでも事業成長したことでしょう。

それはまさに、気合で乗り切れば成功できてしまう世界です。

しかしいまは、人口減少と高齢化の進む先細りの時代です。

限られた市場のなかでいかに効率的に業務を行い、生産性の高い事業を営むかを考えなければ未来はありません。

そうであれば、業績の悪い営業職や新人営業職を、改善の糸口の見つからないまま惰性で仕事をさせるわけにはいきません。

トップセールスの業務スキルやノウハウを開示・マニュアル化して共有することで、突破口を開いてもらわなければなりません。

トップセールスのノウハウもまた、磨かれ、進化し続ける必要があります。いかに「いま売れる」ノウハウであったとしても、時代の変化により、それが陳腐化することも大いに考えられるからです。

しかし、一度染みついた方法を変えるのは、個人の力だけではなかなか難しいケースもあるでしょう。

だから、企業全体で営業ノウハウを共有し、全員で実行、確認して、改善していくＰＤＣＡサイクルに乗せることが大切なのです。

■ PDCAサイクルを回す

属人化している業務のプロセスやスキル、ノウハウが開示され
マニュアルとして他の従業員が学ぶことができれば、
継続的に業務プロセスを改善し続けることができる

①Plan

属人化が解消され、
開示された業務プロセスを
各従業員が共有する

②Do

業務プロセスを
各従業員が
実践してみる

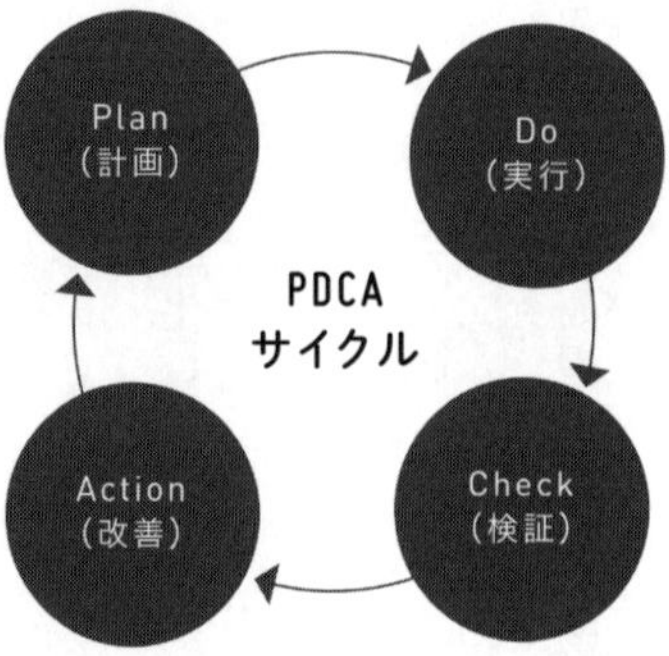

④Action

より効率的で生産性の高い
業務プロセスの改善点を
模索する

③Check

実践してみた結果を
改善の成果として
数値で検証する

つまり、組織全体でPDCAサイクルを回すことで、ベテランが築き上げたノウハウやスキルが、若手によってさらに進化し、企業は時代に合わせて成長していけるのです。

このPDCAサイクルを回すためには、システムによる情報基盤が欠かせません。単なる肌感覚で、「この営業方法は反応がよかった気がする」といっているようでは不確かですから、個々の営業活動を数値でしっかり分析ができ、顧客の特性も含めて振り返りを行い、いまの営業方法を評価できる仕組みをつくっていきましょう。

それを実現するシステムが、「超効率DX」において肝となる「クラウド型CRM」なのです。

顧客管理と業務管理の「超効率ＤＸ」が、中小企業の未来を切り拓く

▼「超効率ＤＸ」の実現に不可欠な「ＣＲＭ」とは？

繰り返しとなりますが、「超効率ＤＸ」の核となるのは、

①業務環境の整理

②「クラウド型ＣＲＭ」の導入

この2点により、組織全体で一気通貫した業務効率化を実現することです。

①については前項の「5つの非効率課題」で、あらましを理解していただけたと思います。一方、②の「クラウド型ＣＲＭ」については、そもそも「ＣＲＭ」がなんだ

かわからない人もいると思いますので、ここで説明したいと思います。

ＣＲＭとは「Customer Relationship Management（カスタマー・リレーションシップ・マネジメント）」の略語で、一般的には「顧客関係管理」などと訳されます。

顧客との関係を管理しながら、その関係性を深めていくマネジメントを指し、このＣＲＭを支援するＩＴツールのことも、一般に「ＣＲＭ」と呼ばれています。

ツールとしてのＣＲＭでは、

- **顧客情報**
- **顧客ごとの案件の進捗状況**
- **顧客ごとの購入履歴**
- **商談や電話、メールなどの対応履歴**
- **売上予測などの分析**　など

顧客の情報と状況を、業績とともにわかりやすく「見える化」してくれます。

■ CRMでできることの一例

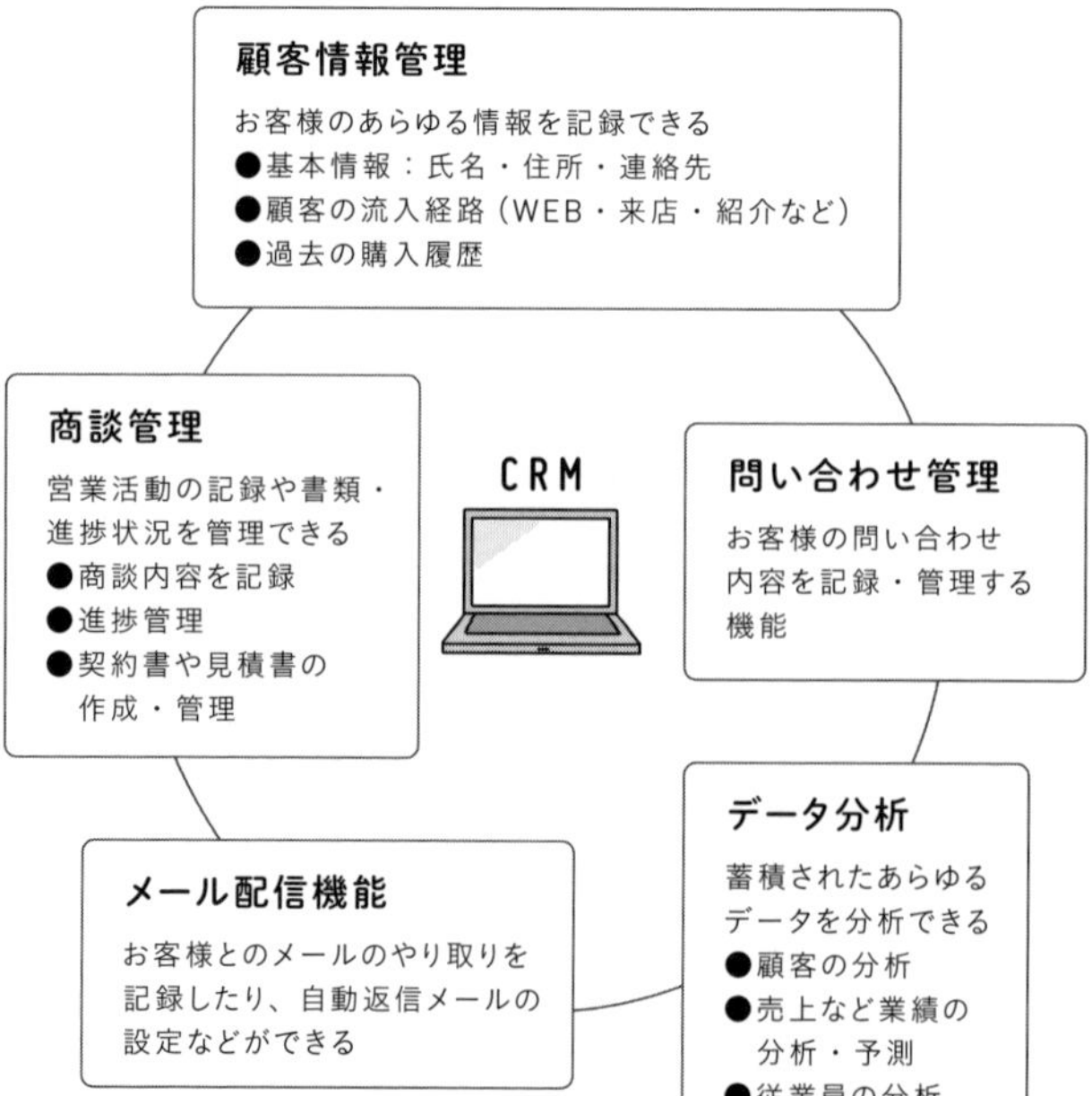
顧客情報管理
お客様のあらゆる情報を記録できる
●基本情報：氏名・住所・連絡先
●顧客の流入経路（WEB・来店・紹介など）
●過去の購入履歴
商談管理
営業活動の記録や書類・
進捗状況を管理できる
●商談内容を記録
●進捗管理
●契約書や見積書の
作成・管理
CRM
問い合わせ管理
お客様の問い合わせ
内容を記録・管理する
機能
データ分析
蓄積されたあらゆる
データを分析できる
●顧客の分析
●売上など業績の
分析・予測
●従業員の分析
メール配信機能
お客様とのメールのやり取りを
記録したり、自動返信メールの
設定などができる

基本情報から商談記録まで顧客情報を一元管理 ➡ 誰でもお客様に必要な対応ができ**お客様満足度アップ！**

リアルタイムで進捗状況や商談内容を「見える化」 ➡ 業務の属人化を防ぎ**組織の連携アップ！**

リアルタイムで会社業績や個人成績を分析できる ➡ 迅速な経営判断や**営業活動の振り返り**ができる

さらに**「クラウド型ＣＲＭ」**と呼ばれるＣＲＭは、こうしたＣＲＭのシステムを購入した企業のＰＣや社内サーバーなどの機器にインストールするのではなく、ベンダーのサーバーによって管理されるタイプのものを指します。

クラウド型ＣＲＭを使う企業は、ベンダーのサーバーにあるＣＲＭにＰＣからオンラインでアクセスし、まるで自分のＰＣにインストールされているかのように使用することができるというわけです。

これによって、**出先からスマートフォンでＣＲＭにアクセスしたり、在宅勤務で自宅のＰＣからＣＲＭにアクセスして業務を開始したりするなど、場所と端末を選ばずにＣＲＭにアクセスできる**というメリットが生まれます。

ここまでの説明だけでは「業務効率化」とは関連性が薄そうに感じるかもしれません。そこで、自動車ディーラーを例に「クラウド型ＣＲＭ」の活用シーンを想定してみましょう。

効率化と生産性向上のメリットが理解しやすいと思います。

▼自動車ディーラーで「クラウド型ＣＲＭ」を導入したら？

自動車ディーラーには、毎日多くの新規客や既存顧客が来店します。新規客であれば、接客担当者はお客様アンケートなどを通じて顧客情報を入手し、後ほどＰＣからＣＲＭに登録します。

ＣＲＭの顧客情報では、ただお客様の住所・氏名・勤務先などの情報を記録するだけでなく、「商談記録」などの営業活動の履歴も残すのが一般的な流れとなります。接客担当者は会話のなかで得た顧客のニーズやライフスタイル、検討中の他社製品などの情報をＣＲＭに日時とともに記録するのです。

そうすれば、次回お客様が来店した際に、初回の接客担当だったＡさんが不在でもヒアリング内容を把握して、別の担当者であるＢさんがスムーズに対応することができます。

「お客様がＡさんに会えなくて残念がってましたよ」とＢさんから聞けば、Ａさんは

Bさんが CRMに入力した商談記録をリアルタイムでスマートフォンから確認でき、出先からお客様に御礼の電話をするなど、効率的でフレキシブルな営業活動が展開できるでしょう。

また、CRMは従業員の育成にも大きく寄与します。例えば、新人に場数を踏ませるために成約する確度の高いお客様を担当させ、これまでの商談履歴をCRMで見ながら必要なトークフローを確認しておくといったことも可能です。

CRMには、商談記録に対してフィードバックを書き込むスペースを設けることもできるので、CRMを見れば忙しい上司や先輩が同席しなくても商談内容を確認でき、手の空いた時間で複数の人間がアドバイスやフィードバックを書き込むことができます。このように、**組織全体で営業担当者の育成やサポートができ、一つひとつのケースで攻め方を学ぶことで成長につながっていきます。**

さらに、一般的にＣＲＭには、営業活動や業績を細かく分析する機能も搭載されています。

その機能により営業担当者は、自分の営業活動におけるリアルタイムでの対応件数や成約件数、成約率、売上などをいつでも確認することができ、現時点での目標への到達度などを把握することができます。

ＣＲＭは、営業だけでなく全部署で導入することで、部署間の連携もスムーズになり、事業全体の効率化に役立ちます。

それこそ、顧客ごとの契約の進捗状況がリアルタイムで表示されるため、成約にいたった顧客がいれば、整備スタッフもいつ納車があって準備をしておけばいいかが申し送りを待たずに把握できる。そんなこともあたりまえになるでしょう。

すべての業務フローにわたって効率的かつスムーズな業務ができ、顧客の満足度の向上へとつながります。

▼個別の業界に特化したＣＲＭが次々に生まれている

自動車ディーラーでの活用例は、スタンダードなＣＲＭの活用事例となります。およそのＣＲＭの機能と有用性を理解することができたでしょうか。

このようなスタンダードなＣＲＭのほか、いまでは個別の業界に特化したＣＲＭも数多く存在します。例えば、**フィールドセールスの効率化に特化したＣＲＭでは、顧客情報を商圏のマップ上に落とし込み、商談履歴を紐づけて「未開拓」「見込み客」「既存顧客」といったレベルを表示**。外回りを主とする営業担当者は、出先からスマートフォンで効果的な訪問ルートを策定することができます。

多くの業界に満遍なく対応できる普遍的なＣＲＭでは、「ちょっと物足りない」ことが多いのが実情です。

このフィールドセールス向けのＣＲＭでも、一歩踏み込んだ機能を搭載することで、ふつうのＣＲＭより効率化の可能性を広げていると見ることができます。

また、**業界によっては、ふつうのＣＲＭでは「業界特有の特殊な業務フローに合わない」ため、効果が薄い**ことが起こり得ます。

その一例は、旅館業です。旅館業を考えた場合、ひとりのお客様が出張などで高頻度の利用をする可能性があるビジネスホテルなら別ですが、温泉旅館や観光ホテルでは多くのお客様が新規客であり、既存顧客でも「年に一度」か「数年に一度」の利用頻度に過ぎません。

そのため、ＣＲＭを使っても、すでに宿泊されたお客様の情報を管理することのメリットはあまり大きくないということになります。旅館業にとってもっとも重要なことは、「いま滞在中のお客様の満足度を最大化させること」ではないでしょうか。

そこで、実際に旅館業を営む企業がみずから「旅館業に最適なＣＲＭ」を構築したケースがあります。神奈川県の鶴巻温泉にある「元湯 陣屋《じんや》」（以下、陣屋）という老舗の温泉旅館が、自社の業務効率化と生産性向上のために開発した「陣屋コネクト」というシステムがそれにあたります。

このクラウド型CRMの凄いところは、従業員同士のリアルタイムの情報共有ができることです。陣屋では、旅館の全従業員が「陣屋コネクト」に接続されたiPadを持って業務を行います。このiPadから、現在来館中のお客様の情報や新たなお客様の来館予定時間はもちろんのこと、それぞれのお客様のお好みの料理やアレルギー情報など、ありとあらゆる情報を全員がチェックすることができます。

こうした情報は、従来では「お迎え担当」や「お部屋担当」などが、自分の担当するお客様のぶんだけ頭に入れていることが多かったはずです。

しかし、それでは担当外のお客様には質の高い「おもてなし」を提供することができません。

でも、ｉＰａｄで顧客情報がいつでも「見える化」されていれば、担当であろうとなかろうと、顧客情報をその場で詳細に把握することが可能です。

お客様の来館があれば、いま手の空いているスタッフが玄関に行って出迎え、お客様のお名前を呼び、どこからいらっしゃったかを把握したうえでご足労をねぎらい、お客様のお好みに合ったウェルカムドリンクを提供する。そんな質の高いサービスを行うことができるのです。

このシステムの素晴らしいところは、担当者を固定化する必要がないため、より効率的に人材配置や業務配分を行うことができ、しかも顧客サービスを向上させることもできるということだと思います。

さらに陣屋では、この「陣屋コネクト」を自社で活用するだけでなく、旅館業のＤＸを実現するクラウド型の業務システムとして、ほかの旅館にも販売を行っています。

▼様々な「クラウド型CRM」から自社に最適なものを選ぶ

このように、「クラウド型CRM」といっても、様々な種類が存在します。特別な業界特性がないようであれば、メジャーなクラウド型CRMで「超効率DX」はほとんど実現できるでしょう。

また、特殊な業務フローを持つ業界であれば、旅館業における「陣屋コネクト」のように、業界に特化したシステムが存在する場合もあります。

実はウチダレックも、既存のクラウド型CRMを導入したのちに、自社の業務に最適化して「超効率DX」を実現しただけでなく、他の不動産会社でも同様の効果を実現できるようシステムを独自に改修し、**不動産業界に特化したクラウド型CRM「カクシンクラウド」を開発**しました。

現在、この「カクシンクラウド」を不動産業界のDXを実現するシステムとして販売しています。

しかし、システムの自社開発は、みなさまにおすすめするものではないと考えています。単純にハードルが高く、誰にでも簡単にできることではないからです。当然ながら、不動産業界向けのシステム販売を新たな事業とするために、開発への多額な投資を行っています。

わざわざ高いコストを投下する必要はありません。すでに誰かがコストをかけて有用なシステムを開発しているのなら、みなさまはそれを「利用」するのが賢い選択だと思うからです。

そう断言できるくらいに、自社開発に長い時間と高い勉強代をかけました。

ですから、本書で紹介する「超効率ＤＸ」では、この自社開発の部分は抜きにして、みなさまが既存のクラウド型ＣＲＭを導入して業務改革を行うために知ってほしいことを伝えていきます。

自社を改革していく苦労はあっても、最短距離で確実に「超効率ＤＸ」を実現できる助力になれれば幸いです。

第2章

「超効率DX」が企業にもたらす変革

第2章では、「超効率DX」を実現するクラウド型CRMの有用性についてウチダレックの事例をもとに説明します。クラウド型CRMを導入し、業務フローを一気通貫して管理することで、みなさまの事業はどのような進化を果たすのか――。自社に置き換えて読み進めてください

顧客情報の「蓄積」と「見える化」が、大企業にはない中小企業の社会的価値を高める

▼地域密着型の中小企業こそ「顧客管理」が重要

「超効率DX」の目的は、業務効率化と生産性の向上にあります。よって、CRMの効果について語るこの章でも「CRMがいかに業務全体の効率化に寄与するか」を中心に説明していきます。

一方でCRMの導入には、「効率化とは別の恩恵」がありますので、ここで先にお伝えします。

CRMのように顧客情報を管理できるシステムには、お客様の基本情報のほか、商

談やメールなどお客様とのコミュニケーションで得られた付帯情報を記録していくことができます。

氏名や住所、購入履歴だけでなく、「いつどこでこんな話をした」とか「将棋の腕前がプロ級」とか「お子さんが〇〇大学に合格したらしい」とか、あらゆるお客様情報を永続的に蓄積できるというわけです。

わたしはこうしたシステムによって**「顧客情報」をより細かく、より見やすく、引き出しやすく管理しておくことが、中小企業に求められる価値をより高めてくれる**と考えています。

どういうことかというと、**「大企業の担当者は異動してしまう」**ということです。

それぞれの地域で生活するお客様にとっては、不動産であれ、銀行であれ、保険であれ、全国に展開する大企業は、どんなに担当者と懇意《こんい》にして信頼関係を結んでも、いずれ担当者はどこかへと異動してしまいます。

「この人を信用しているから、この人にずっとまかせたい！」というお客様の思いはなかなか叶うことはありません。

その点、**地域密着型の地場の中小企業は、良くも悪くも逃げ場がありません**。よって、20年、30年の付き合いを、同じ担当者が行うことができます。不動産業界でもそこが強みであり、地域の地主や物件オーナーは地場の企業を信頼するのです。こうした大企業と中小企業の違いは、不動産業に限らずあらゆる業界でいえることではないでしょうか。

この**地域密着によって積み上げてきた信頼は、確実に中小企業の優位性であり、社会的な価値**なのです。

とはいえ、本当にひとりの人間が何十年も同じ案件を担当したら、それこそ業務の属人化の原因となります。

しかし、担当を引き継いでも定期的に顔を出すなど、「そこに信頼した旧・担当者がいる」ことで、信頼と安心を継続させることができます。

それは、遠方に異動することもある大企業にはできない芸当だと思います。

この**安心感という強みをさらに強化するために、「顧客情報」を緻密に管理すること**が**重要**なのです。

当社も地域に根ざし、お客様と長らく関わっていると本当に深くお客様を知ることになります。

それこそ、江戸時代からの家系図などを広げてご説明いただくというようなこともあるほどです。

そうした情報を、ただ漠然とした思い出として担当者の頭のなかに置くだけでは、次の担当者に引き継がれることはありません。

確かな情報基盤としてCRMを導入し、今日聞いたことや考えた提案のアイデア、スマートフォンで撮影した写真なども、顧客情報に紐づけてCRMに記録していく習慣をつくるのです。

それらを蓄積していくことで、次の担当者がお客様を理解しようとするとき、膨大な情報をＣＲＭが提供してくれることになります。

▼業務効率化は業務負担の軽減だけでなく質の高い仕事にも貢献

「超効率ＤＸ」の最大の目標は「業務の効率化」ですが、そうして浮いた業務時間はただ残業の低減や休暇取得に充てるだけでなく、より質の高い仕事に活かすことができます。

わたしたち不動産業でいえば、ただ問い合わせのあったお客様に物件の賃貸や売買を仲介するだけで一杯一杯になっていては、事業としては物足りません。

地場に根ざす不動産業としては、空いた時間で地主などの土地所有者を訪問し土地の利活用の提案をするなどして、そこから収益を拡大することも重要な業務です。

先の顧客情報の「蓄積」と「見える化」も、この価値の高いアクションにおいて活かされます。

みなさまの業界、事業においても「本来、こうあるべき」という理想の仕事像があるのではないでしょうか。

これから紹介する「超効率DX」のCRM導入によるメリットは、**人口減少の時代に備える「守り」の効率化であると同時に、理想の事業を実現するための「攻め」の効率化**でもあります。

ウチダレックの導入したクラウド型CRMを例に、当社ではCRMの活用によってどのようなメリットが生じているかを見ていきましょう。

「超効率DX」によって激変した6つの業務効率

▼ウチダレックが導入しているクラウド型CRMとは?

第1章で述べたように、ウチダレックではクラウド型CRMを導入しただけでなく、不動産業に合うように独自のカスタマイズを加えた「カクシンクラウド」というオリジナルのシステムを使用しています。

例えば業務を効率化するため、こんな機能が追加されています。

・お客様がWEBから来店申し込みをした場合、顧客情報を自動的にCRMに登録

・お客様に書いていただく来店アンケートをＣＲＭに自動で取り込む
・不動産業でアパートなどの賃貸契約を行う際に必要となる、契約書の作成を自動化
・電子署名システムと連携させ、契約や上長決裁の「押印」をデジタル化

さらに、不動産業にとってのお客様は、「お部屋を借りに来た人」だけでなく「お部屋を貸す人」、つまり、物件オーナーもお客様ということになります。

ＣＲＭと会計システムを連携し、部屋の賃貸契約が成立したことをＣＲＭ上で承認すると、物件オーナーに支払う毎月の家賃収入に計上するといった機能も加えました。

そのため、本来のＣＲＭより少し拡張された機能も一部存在しますが、ウチダレックの「カクシンクラウド」の活用例をもとに、クラウド型ＣＲＭの有用性をみなさまに説明していきたいと思います。

大筋では、一般的なクラウド型ＣＲＭでできる範囲のことを紹介していますので、みなさまの会社の業務に置き換えて考えてください。

▼クラウド型ＣＲＭの導入による６つの業務効率化

当社ウチダレックが、第1章で説明したような非効率な業務環境におちいり、従業員が個人商店化してしまった原因は、**「情報共有をおろそかにしたこと」**。これに尽きます。

地域密着型の企業であったからこそ、つねにアンテナは鳥取県米子市とその周辺に向いていて、もっと広い世界を見ようとしていなかったのだと思います。

ビジネスの世界でＩＴツールがどれほど進化しても、顧客情報は担当者の頭のなかにあるだけで、進捗状況は紙で管理し、スケジュールはホワイトボードに記入。

一部の情報はエクセルで管理されていたものの、一覧性の悪さから実態としては有効活用されておらず、ムダな入力工程となっているだけでした。

そうして**非効率に凝り固まってしまった従業員の働き方を紐解いていくのが、「超効率DX」の最初のステップ「業務環境の整理」**でした。

大筋は第1章に記しましたが、詳細は第3章で説明します。

そして、紐解いてフラットになった従業員の働き方を、あらゆる情報の「見える化」によって再び個人商店化させることなく加速させていくのが、第2のステップ**「クラウド型CRMの導入」**です。

当社では、この「クラウド型CRMの導入」によって、次の6つの業務効率化を実現しています。

1、属人化の解消で、業務スピードが大幅アップ
2、部署間の壁がなくなり、社内の連携が強化される
3、ルーティンワークを自動化し、業務負担を軽減できる
4、リアルタイムの業績の見える化で、社員の成長スピードが加速する
5、残業ゼロ、週休3日の実現で社員のパフォーマンスが向上
6、モチベーションとエンゲージメントの向上で離職率が激減する

それでは次項から一つひとつ、どのようなメリットであるかを詳しく見ていきます。

「超効率DX」による変化1

属人化の解消で、業務スピードが大幅アップ

▼29工程におよぶ煩雑なステップをどう管理するか

もっとも大きい変化は、**「進捗状況の見える化」**です。不動産業の賃貸契約における業務プロセスは極めて煩雑《はんざつ》であり、当社の賃貸業務では29におよぶ工程がありました。

ひとつの案件ごとに煩雑な29工程を、しかも部署をまたがって進めるのですから、正確にいまの進捗状況を記録し、リアルタイムでわかりやすく一覧表示してくれるツールがなければ、「いま、どうなっているのか」はさっぱりわかりません。

■ 以前のウチダレックの「賃貸契約の流れ」

来店前

□来店申込段階（営業部門）

1 物件情報サイトからの内見申込を スケジュール管理表に記入
2 担当者を決めてシフトを組む

お客様のご来店

□来店（営業部門）

3 お客様の来店対応
4 物件の図面を紙で出力
5 お客様が内見したい物件を決定
6 空室状況を確認
7 物件の内見
8 お客様の意思決定と申込用紙記入
9 希望する物件の申込予約
10 お客様に来店アンケート用紙への記入を依頼

問題点
進捗管理は
紙のチェックシート。
アナログなので
いつ仕事がくるのか
わからない

申込・審査

□申込・審査（営業部門）

11 賃貸契約書を作成して業務部門に申し送り

□申込・審査（業務部門）

12 家賃保証会社へ審査依頼をFAX
13 火災保険会社への申込
14 社宅代行会社への申込
15 家賃保証会社の申込書類を作成
16 お客様への送付書類を整理して営業部門に申し送り

契約手続き

□契約手続き（営業部門）

17 お客様への重要事項説明
18 お客様との契約の取り交わし
19 契約金の確認
20 カギの引き渡し
21 報告書の作成

入居

□入居（管理部門・経理部門）

22 物件の清掃
23 お客様からの家賃集金代行
24 オーナーへの家賃等集金状況報告
25 クレーム処理
26 定期巡回
27 契約更新業務
28 解約・明渡し
29 退去後リフォーム

解決策
すべての案件の
進捗状況を
CRMで
「見える化」

かつては、「進捗状況は紙で管理していた」とお伝えしましたが、具体的には「案件封筒」というアナログな仕組みで管理していました。

不動産業界ではよくある手法なのですが、お客様の賃貸契約1件ごとに大きな封筒を用意し、顧客情報や物件情報、契約書、郵送物などをまとめて放り込んで、必要な部署へと回覧されていくのです。

なお、封筒の表面のチェックシートがこの案件の進捗状況を知る手段です。

そんな封筒が何十通と置いてあるだけなので、誰も一つひとつチェックして全部の案件の進捗状況を確認しようとはしなかったのです。

その結果、営業担当者が自分の案件封筒をチェックし忘れて、お客様に契約書を送る期限ギリギリになって手続きの未処理が発覚する……。そんなことが、日常的に起こっていました。

経営者や管理者からすれば、「そうはいっても、仕事なのだからそこは面倒でも上長に進捗管理を徹底させてチェック体制を固めたらいいだろう」と思うかもしれません。

しかし、閑職の人材でもいない限り、やはりその役目を強いることは高い業務負担となり、残業や過重労働の原因となります。また、その人が休んでしまえば結局、進捗管理はグダグダとなるでしょう。

人の労力に依存しない業務環境の整理が効率化の基本方針となるのです。

▼業務フローを一覧表示し、進捗状況を「見える化」する

では、この賃貸契約における29工程のプロセスをＣＲＭに落とし込むとどのように「見える化」されるのでしょうか。

次のページにある図は、当社のＣＲＭ「カクシンクラウド」のカンバンボードという、業務フローを一覧表示する機能の画面イメージです。

■ CRMによる進捗管理

アナログによる進捗管理

不動産契約では物件情報や契約書など多数の「書類」が発生するため、案件ごとに必要な書類を「案件封筒」にまとめ、進捗管理も紙のチェックシートで行われることが多い

ただし、書類だと誰も積極的にチェックせず、いま進んでいる案件数や進捗状況を把握しづらく、引き継ぎミスも起こりがち

CRM（カンバンボード）による進捗管理

ウチダレックでは、CRMで「カンバンボード」という案件の進捗状況を一覧できる機能を採用。業務フローの各段階でどんな案件が進んでいるかをひと目で把握することができる

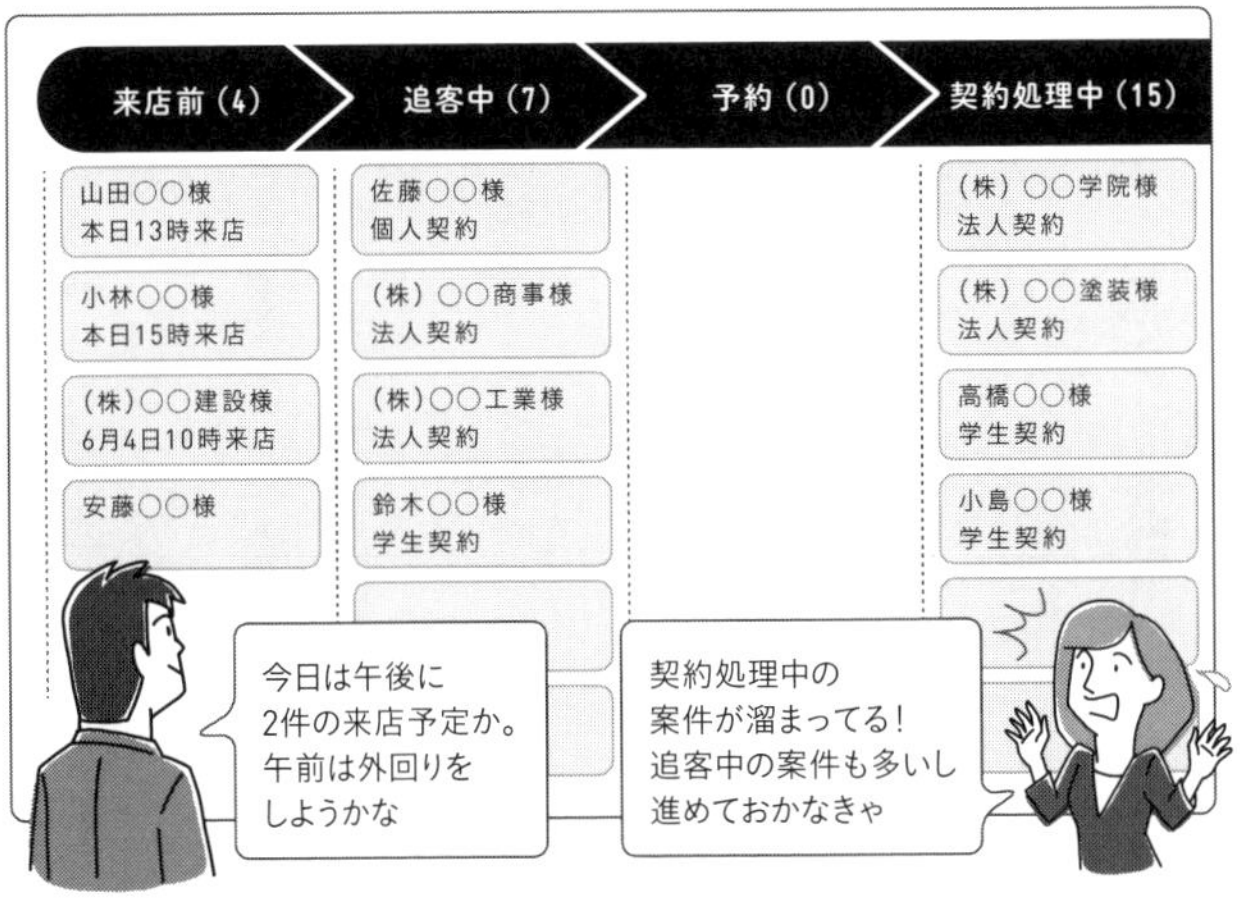

お客様の賃貸契約の進捗状況を「来店前」「追客中」「予約」「契約処理中」「完了」の5段階に分類。さらに、「失客」や「キャンセル」を加えた7分類で一覧表示しています。

これは不動産業の業務フローに合わせてつくられていますが、一般にCRMでは同様の機能が搭載されています。みなさまの企業でも、CRMの導入によってこのような業務フローの一覧を作成することはできるはずです。

この業務フローの一覧表示によって、それぞれの契約ステップに何件の案件があるかがパッと見えることで「いま、どの部署が対応すべきものがどれだけあるか」がざっくりと把握できます。

「追客中」なら営業部門の対応すべき状況、「契約処理中」なら契約書作成や保証会社などへの申請を担当する業務部門の対応すべき状況といった具合です。

毎朝、出社したら、この業務フロー一覧をチェックするだけで各部署が「今日、対応すべき仕事」がわかるので、当日にやるべき業務量がわかり、作業分担も容易です。

また、各案件の「手続き期限」を表示することもできるので、上長がチェックして担当者に「期限が近いから注意してね」と伝えるだけで、手続きの漏れを防ぐことができます。

さらに、**案件ごとの進捗段階の移行もリアルタイムで表示**されます。

例えば、賃貸物件の営業担当者がお客様との商談をまとめたら、物件情報などの必要事項をＣＲＭに入力し、「追客中」のステップの終了をクリック。

すると、自動的にお客様の表示場所が「契約処理中」に移動し、契約処理を担当する部門にアラート（お知らせ）をするようにプログラムされています。

申し送りを忘れたり、寝かしてしまったり、「いった、いわない」のトラブルを起こすことなく、効率的な業務ができるようになっています。こうした仕組みはカクシンクラウドに限らず、ＣＲＭにおいてスタンダードな機能といえます。

この業務フローの「見える化」だけでも、ＣＲＭを自社に導入したくなる魅力的な効率化ツールだと感じるのではないでしょうか。

▼「業務が見える」ことで属人化を防げる

CRMでは、このような業務フローの一覧表示だけでなく、様々なかたちで進捗状況や案件管理を表示することができます。

例えば、担当者別に対応している案件を表示することも可能です。そうすることで、**ひとりの従業員が対応している業務を「見える化」する**ことができます。

かつて、当社の業務が属人化してしまった原因のひとつは、「従業員の業務が見えないこと」にあったと考えています。

業務が見えないから、「忙しそうな人」がいても具体的にどの程度忙しいのかを周囲は実感できません。

いまの若い世代の人たちは少し変わってきているかもしれませんが、日本人の多くは忙しくても「大丈夫、気にしないで」といって周囲に忖度《そんたく》して遠慮してしまう傾向があります。

そうしているうち、はじめのうちは心配していた周囲も「大丈夫みたいだ」「この人はこれがやりがいなのかな」と日常の光景として気にしなくなってしまうのです。

やがて忙しい人は、処理を早めるために独自の方法論で仕事をしたり、周囲に労《いたわ》られることで忙しさにプライドや存在価値を感じはじめたりして、仕事を手放さないし、手放せなくなっていきます。**これが、業務の属人化**です。

それを、CRMでそれぞれの担当業務を「見える化」したらどうなるでしょうか。

「Aさん、忙しそうだな」と感じたとき、**CRMを見ればAさんの対応中の案件を調べることができます。**

具体的に忙しさがわかれば、周囲は見て見ぬフリはできなくなるものです。

「うわ、Aさん仕事を抱え過ぎですよ！　わたしにも遠慮なく振ってください」ということもできるでしょうし、状況のごまかしが利かない以上、Aさんも「大丈夫です」というには根拠を示さなくては筋がとおらなくなります。

また、Aさんにとってもアールがあることで仕事を振りやすくなります。というのも、実は「仕事を急に振る」というのは、頼むほうも大変なのです。手伝ってほしくても、案件の経緯や顧客の特性、いまの状況をイチから説明するのは面倒くさくて時間も要します。

「それならいいや、自分が急げばいいだけの話だ」となってしまいがちです。

そんな状況もサポートできるよう、ＣＲＭでは進捗状況から各案件をクリックすると、**顧客情報やこれまでの商談記録、備考メモ、ＴｏＤｏリストなどもすべて見ることができます。**

「わたしにも振ってください」といわれたら、「じゃあ、ＣＲＭを見て状況をつかんでもらって、わからないところがあったら聞いてください」というだけでＯＫです。

これらは些細なことに感じますが、この手間を省けることが業務の共有をスムーズにし、業務の属人化を防ぐことにつながっていくのです。

■ CRMで様々な情報にアクセスする

顧客情報
「来店前」「追客中」「契約処理中」「入居中」など、各ステータスにいるお客様の顧客情報を確認できる。また、お客様ごとの商談記録なども確認可能

進捗状況
先に紹介した業務フローの一覧表示（カンバンボード）によって、各案件の進捗状況を確認できる

分析機能
「ダッシュボード」で会社業績や個人売上などをグラフで一覧表示することができる

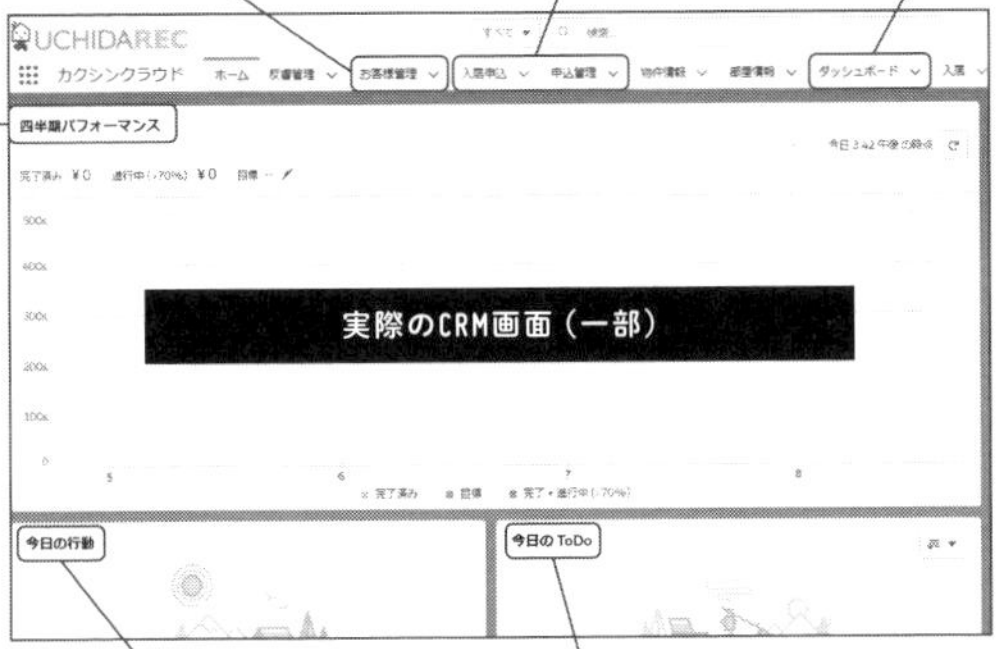

「今日の行動」
従業員ごとの今日の行動予定のほか、今後のスケジュールを他の従業員も確認することができる

「今日のToDo」
従業員の受け持つ業務で、今日が期限の業務など、忘れてはならない緊急性の高い業務をピックアップする

「四半期パフォーマンス」

従業員個人の四半期の現時点の売上をグラフで表示。予算比、前年比など様々な指標で設定できる

「超効率DX」による変化2

部署間の壁がなくなり、社内の連携が強化される

▼直前のステップが見えて、イライラもなくなる

「前もっていってくれたら準備しておいたのに！」
「そんな勝手なことをいうなら、あなたがやりなさいよ！　わたしは対応しない！」

以前のウチダレックでは、進捗状況が見えなかったことで、こんなトラブルがよく起きていました。

とくにトラブルが多かったのは、先の業務フロー一覧で、営業が商談を進める「追客中」から「契約処理中」へと移行するポイントです。

営業担当がお客様から賃貸物件の申し込みをいただき、契約処理を担当する部署へと案件を引き継ぐ部分です。

当社では、賃貸契約が決まるごとに業務部という部署が家賃保証会社や保険会社への申し込みや審査の手続き、書類作成などを行います。

これはいわばルーティンワークなのですが、当時は効率化もされておらず手間のかかる作業でした。

そのため、契約処理が立て込んでいるところに営業が業務部に追加の成約案件を持ち込んだので、イライラが募って爆発していたというわけです。

とくに新人の営業社員ほど怒りをぶつけられがちで、社内の空気はお世辞にもいいものではありませんでした。観察していると、新人社員が頭を抱える姿をよく見かけたものです。

つまり、これは理不尽な八つ当たりであって、モラルの問題だといえばそのとおりかもしれません。

でも、**「これだけの契約処理の仕事が回ってくる可能性がある」と事前にわかってさえいれば、余計ないら立ちを感じずに済む**のも確かでしょう。

なんの事前アナウンスもなくいきなり業務を大量に持ち込まれ、残業や休日出社で対応してきた不満の積み重ねがあるから、怒りが瞬間沸騰してこみ上げてしまうのです。

こんな状況では部署間の関係は険悪になり、溝は深まるばかり。

不動産業に限らず、あらゆる業種で部署間の仲が悪くなる原因は、「他部署の業務状況が見えないこと」に尽きるのではないでしょうか。

それが**CRMの業務フロー一覧（カンバンボード）によって進捗状況が明確にわかるようになり、部署間の緊張状態を緩和**することができました。

先々の業務量の目処さえ立っていれば、経理部門では「ステータスが『追客中』の案件が多いな。来週あたり忙しそうだから、仕事を前倒しで終わらせておこう」と業務を調整しておいたり、管理部門では外部の清掃会社に連絡して「来週、ちょっと忙しくなりそうですが、人員は確保できますか？」など事前のリソース確保を図っておいたりすることができます。

▼積極的な連携で進捗がスピーディーになった

お伝えしたように、以前は部署間の連携が悪く、コミュニケーションが断絶していました。

空き物件の清掃や鍵交換などの入居準備を行う管理部からは、「ベテランの営業担当がこっちの都合も確認しないで勝手に入居日を決めてしまう」とボヤキが聞かれ、部署間の連携を図ろうとする空気さえ失われていたように思います。

その関係性を改善したのも、ＣＲＭでした。

業務フローの一覧が見えることで、それぞれの部署との「つながり」を実感できるようになったのです。

見方によっては〝無機質〟に感じるシステムを介したほうが、つながりが深まるというのも不思議な話ですが、実際にそうなのです。

部署ごとの抱えている案件数が見えて、自分たちも準備ができてストレスが減ったことも相まって、部署間のコミュニケーションが増え、次第に積極的な連携さえ見られるようになりました。

さらに、業務部門や管理部門はただリソースの準備をしておくだけでなく、案件ごとの商談状況を見て、営業部門に「来週は空いているから、このお客様の手続き期間は短縮しても大丈夫だよ」とアナウンスを入れるようになりました。

営業からの事前確認も行われるようになり、コミュニケーションが活発化することで組織全体の対応力が向上。職場の雰囲気もよくなり、案件の契約手続き期間は短縮され、お客様の満足度アップにも寄与しています。

「超効率DX」による変化3

ルーティンワークを自動化し、業務負担を軽減できる

▼顧客情報の転記が不要になる

ＣＲＭ導入前のウチダレックでは、賃貸契約手続きの業務フローにおいて「顧客情報」だけで7回以上も手入力や手書きをする工程がありました。

営業部門ではお客様に紙に書いていただいた顧客情報をパソコンに手入力する。そのほか、アンケートの集計ツールがあるので、そちらにも手入力。契約書作成の際も再び手書きでも記入……。

契約処理を行う業務部でも、家賃保証会社のシステムに顧客情報を手入力。火災保

険のシステムにも手入力。そのほかにも、必要に応じて外部機関のシステムに手入力。そして管理部では……と挙げていったらキリがありません。

それこそ年賀状ではあるまいし、手書きで手間をかけて真心が伝わるわけもなく、完全にムダな作業です。

その手間は、業務を一気通貫させるＣＲＭの導入によって一切なくなりました。

来店されたお客様に、備え付けのタブレット端末からアンケートとして顧客情報を入力してもらうだけで、その顧客情報は業務フローの最後まで引き継がれ、再入力や転記の必要はありません。それが、業務を一気通貫するシステムの強みです。

ウチダレックのＣＲＭ「カクシンクラウド」では、火災保険会社や家賃保証会社などの外部の申請システムにもデータを連携させ、ＣＲＭが持っている顧客情報は自動的に反映させるプログラムが組まれています。

▼契約書作成業務の自動化

外部システムへのデータ連携と同様に、「カクシンクラウド」では**自社の契約書や帳票類にシステム上の情報を自動的に反映し、書類作成の手間を削減**することができます。一般的なCRMでも、こうした機能は搭載されているでしょう。

これまで契約書をワードなどで作成していたのなら、おそらく雛形《ひながた》（フォーマット）があり、空欄にお客様の情報や契約内容などを書き込む形式で使っているかと思います。その空欄埋めを、自動的にシステムが行うように設計することができます。

また、CRM上に契約書作成用の画面を設計し、新しい情報を入力する際は選択肢を表示するようにしたり、不足情報や記載内容の矛盾があれば注意喚起したりするなど、効率化とミス防止を両立するプログラムを作成することもできます。

▼「お問い合わせ」を管理し、サービスの改善に役立てる

「廊下の蛍光灯が切れたままです。取り替えてください」

当社が管理委託を受けている賃貸物件に住むお客様から、メールや電話で届く「お問い合わせ」——というより、実質これは「クレーム」です。

そのクレームの約25%は、このような「共用部の電灯切れ」です。なお、共用部とはアパートやマンションの廊下やロビーなどの共有スペースのことを指します。

以前は、こうしたクレーム内容はエクセルでログとして記録していました。ただし、対応したかどうかのチェックのためであり、分析までは行っていなかったのです。

そのため、25%という数値化もせず、漠然と「電灯切れのクレームが多いな」という印象を持っていただけでした。

それらのクレームをＣＲＭで記録するようにして、自動で集計・グラフ化するよう

にしたことで、「電灯切れ」が当社のクレーム頻度ナンバーワンだと判明したのです。

そこでただ電灯交換の対応をするより、「電灯切れのクレームを受けないように対処する」ほうが重要と考え、管理物件のすべての電灯を一斉に交換しました。

こうすることで、次の交換時期の目安がわかりますし、その時期がきたら一斉に電灯交換を行えばよくなります。

1回1回クレームを受けるたびに対応する手間が省けて効率的になりますし、そもそも「電灯が切れる」こと自体を未然に防ぐことができます。

わたし自身、漠然と「電灯切れが多いな」と感じるだけでは危機感を持てず、対処する気にならなかったのですが、**集計を行い、具体的に25％というデータとして表したことで、コストをかけてでも対処すべき課題だと実感**することができました。

CRMは様々な事業における「現象」をデータとして集計することに役立ちます。

そうしてデータにすることで、客観的な経営判断や施策の意思決定に役立てることができます。

「超効率DX」による変化4

リアルタイムの業績の見える化で、社員の成長スピードが加速する

▼CRMで毎日の振り返りができる!

営業部門の業績改善に必要なものは、とにもかくにもデータです。

以前のウチダレックでは、営業活動に関するデータが「見える化」されておらず、業績が伸び悩む者に「気合い」とか「やる気」といった精神的なファクターをフィードバックしているような状況でした。

「やる気」は大事な要素ですが、客観的なデータに基づいて弱点や課題を伝え、そのやる気を「どこに向けて走ればいいのか」を的確に示し背中を押していくことこそ、

本来、マネジメントにおける重要なポイントではないでしょうか。

多くの場合、業績を締めるのは月1回だと思います。

当社もエクセルを使って売上の予算比、前年比、対応客数に対する成約率など、多角的な集計は行っていました。

しかし、エクセルでは一覧性が悪く、集計してもあまり活用はできていませんでした。また、先述したように、そもそも組織的観点での業務が成立しておらず、マネジメント意識が希薄だったことも要因です。

これまで紹介した機能から察していただけると思いますが、**CRMでは業績の集計はもちろん、視認性が高く理解がしやすいグラフ作成も自動**で行ってくれます。わざわざ集計作業をしなくてもよく、多角的な分析を効率的に行うことができるのです。

次のページのように、様々なグラフが並ぶようすは、飛行機や自動車の計器になぞらえて「ダッシュボード」と呼ばれます。

■ 業績をわかりやすくグラフで表示する

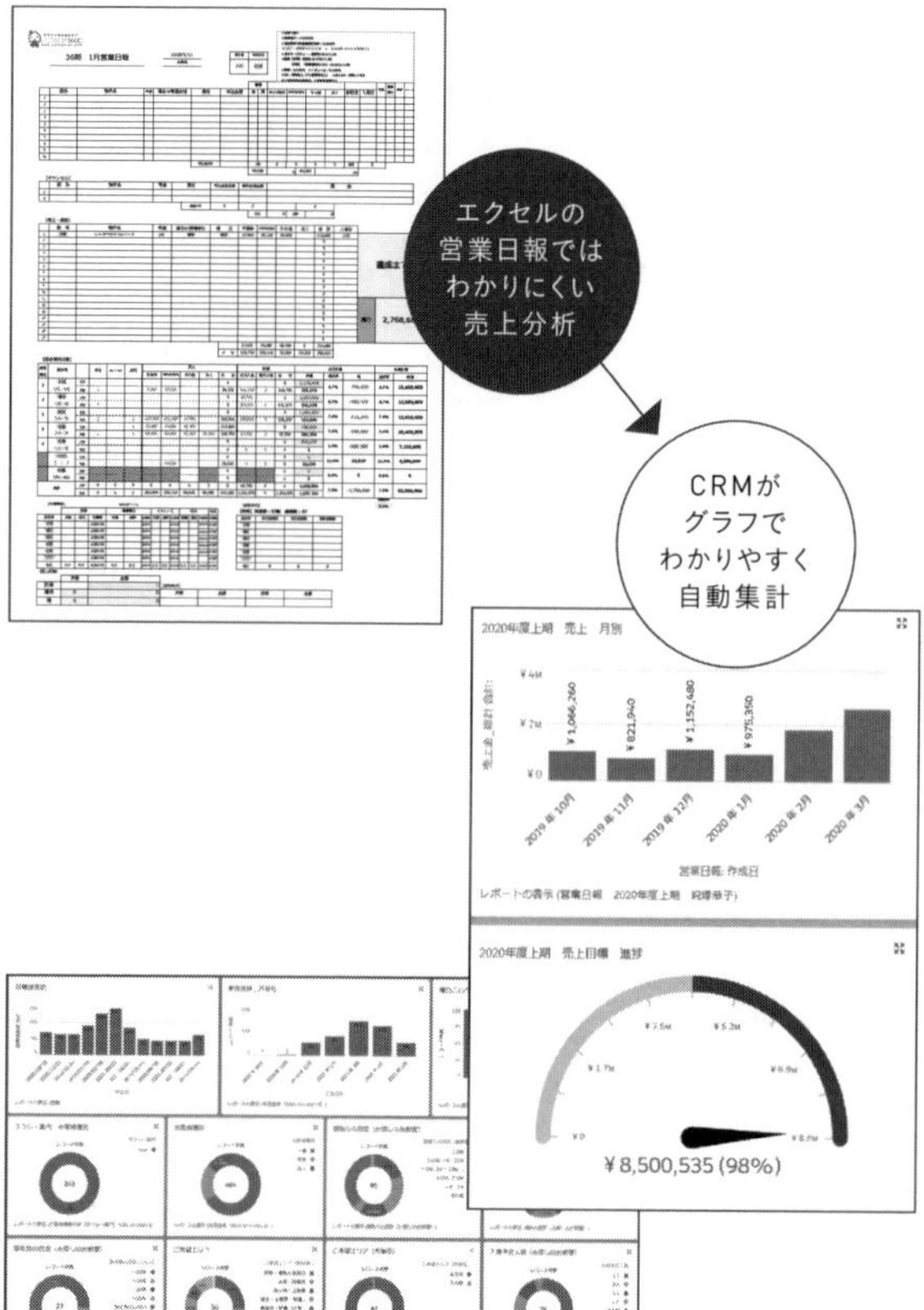

ですが、もっとも重要なメリットは、データ集計を**「月1回」や「週1回」ではなく、いつでもリアルタイムの業績を集計してくれる**点にあります。

つまり、これまで月1回の集計で自分の営業力を分析していたのだとすれば、CRMなら毎日いつでも自分の業績を確認でき、振り返りの機会を得ることができます。

これは大袈裟でもなんでもなく、**学びの速度が30倍になる**ことを意味します。

▼当社の新人営業Aさんの営業力自己分析

では、実際にCRMで見ることができる業績を例に、当社で行われるフィードバックの一例を挙げてみましょう。

4人いる賃貸営業の部署のうち、新人のAさんは残念ながらある月の月間売上が最下位だったとします。

そんなAさんの課題は、いったいどこにあるのでしょうか。

当社の賃貸営業では、「スーモ」や「アットホーム」などの賃貸物件情報サイトからお客様の物件確認の申し込みが入り、お客様が実際に当社へとご来店されます。

全体の月間来店対応件数が１００件に対し、賃貸契約の成約件数は50件——つまり、成約率が50％だったとします。

しかし、Aさんは対応30件に対し成約10件で成約率約30％。全体平均より成約率が低いことがデータから導かれます。一方、4人部署では平均対応件数は25件のはずですから、**Aさんは対応件数については一番頑張っていた**のです。

よって、「やる気」は十分。課題は、商談の決定力にあるということが見えてきます。

さて、「毎日分析すれば成長は30倍！」といいながら、月間の対応件数がこれくらいでは、1日あたりのデータにはあまり変動はありません。

1日に十数件も対応する業種であればシンプルに効果が出ますが、業種の特性上、仕方ないでしょう。

そこで当社では、必ずお客様のご来店アンケートを行い、営業の接客評価をしていただいています。**1日数件の対応でもわずかな変動をもとに、お客様アンケートを見て振り返りを行う**ようにしているのです。

さらに、「どんな物件をお客様に提案したか」が業績を大きく左右します。

当社ではトップセールスの事例をデータ上に蓄積し、どんなお客様に対しどんな物件を紹介したかを、**ケーススタディで学べる**ようにしています。

Aさんは**自分のお客様と提案物件の関連性をトップセールスの事例と照らし合わせ、その違いを仮説立てし（Plan）、検証（Do）、振り返り（Check）、実行（Action）のPDCAサイクルを自ら回すことで、毎日学びの機会を得る**ことができます。

また、この積み重ねを経ることで、毎日・毎週・毎月・半期・年間における自分の様々な指標の推移をＣＲＭのグラフで確認し、自分の成長や欠点を確認することができます。

あくまでこれは当社の事例ですが、みなさまの会社にも独自の育成ノウハウがあると思います。

そのノウハウに対応したデータの出し方を、ＣＲＭでは自在に設定することができるということです。

▼経営層もリアルタイムで経営状況を確認できる

ＣＲＭの「ダッシュボード」では、営業活動や個人業績だけでなく、あらゆる経営情報も集計してデータやグラフとして可視化することができ、経営層が経営状況を多角的に分析することにも役立ちます。

毎月の経営会議で部長から報告を受けるのを待つまでもなく、いつでもリアルタイムで各部署の業績を確認し、気になる変動があれば毎日でも対応することが可能なのです。

中小企業の経営層は事業を現場にまかせきりになり、実行力のある口出しができなくなっているケースも多いと聞きます。

現場から、「上はなにもわかっていない。わかろうともしていない」という不信感を持たれることが、その一因ではないでしょうか。

CRMによる業績の「見える化」は、経営層が状況を打開するきっかけにもなるでしょう。

日々の業績を把握し、関心を明確に示すだけでも現場の緊張感は高まり、パートナーシップや忠誠心といった良好な関係性を取り戻すことにつながります。

個々の従業員の業績推移を見て成長を把握し、タイムリーな声かけを行うといったこともできるはずです。

また、**わかりやすくグラフ化されることで効率的に業績を確認することができ、経営層や幹部も、より多く、より高い理解度で情報に触れることができます。**

わたしの父（現・ウチダレック社長）も、外出先や休暇中でもスマートフォンから「カクシンクラウド」を開いて日々の業績をチェックしています。

グラフ化されていてわかりやすいため、チェックするのが楽しいようです。

「超効率DX」による変化5

残業ゼロ、週休3日の実現で社員のパフォーマンスが向上

▼市場縮小の時代に向け、変化に対応できる「余裕」を生み出す

ここまでの説明を通じ、一人ひとりの従業員が「個人商店化」することなく、全員で情報共有をしながら組織的に業務に対応していく姿をイメージしていただくことはできたでしょうか。

「自分にしかできないから」とひとりの人間が大量の業務を抱えて残業し、「自分のお客様だから」と休日でもメールや電話の対応を行う。そんな状況は、どうしても仕方のない場合での対応であって、日常の風景になってはいけません。

それは、「労働基準法に抵触するから」というモラルの問題以前に、単純に「組織として成長できないから」です。

ＣＲＭを活用することで、あらゆる情報が見える化され、働き方をより効率的でスムーズにできます。また、データ集計や情報の転記など、わざわざ人間がやらなくてもいい作業は、ＣＲＭで自動的に対応してくれます。

それが、サブスクリプションモデルの「クラウド型ＣＲＭ」なら、莫大なコストをかけて自社開発して「所有」しなくても、月額料金で「利用」できるのだから、活用しない手はないと思います。

ウチダレックでは、この一連の「超効率ＤＸ」によって、組織全体の生産性が高まり、業務量にゆとりを持つことで定時退社、有給休暇の取得も自由なタイミングで行える体制を整えることができました。

当社の場合は、さらに一歩踏み込んだ**「週休3日制」を不動産業界で初めて実現**することもできました。

ただし、この施策はけっしてパフォーマンスで行っているわけではありません。不動産業は新生活に向けた1～4月が圧倒的に忙しく、それ以外のシーズンはゆるやかな傾向にあり、繁忙期・閑散期の差が激しい業界といわれています。

これはある意味でうれしい誤算だったのですが、業務改善が進んだウチダレックでは、**繁忙期でもきちんと週休2日制を維持できる効率化が実現したことで、閑散期は手が空き過ぎる状況**になってしまったのです。**閑散期に惰性で仕事をする習慣がはびこってしまうと、繁忙期に本来の対応力が発揮できません。**

そこで、1日の業務量を一定に保つため週休3日制を実施することにしました。あるいは、定時前の退勤制度を設けるというかたちでもよかったかもしれません。

「従業員に幸福になってほしい」という気持ちは当然持っていますが、休暇取得、福利厚生ひとつとっても、持続的な経営を見据えた判断のもとで行うべきだと考えています。

いまなお、**今後の人口減少による市場の縮小はわたしにとって最大の危機感として**あり続けています。鳥取県米子市の人口が減少すると同時に売上も減少するのであれば、「より少人数で経営する」か「事業領域や商圏を広げる」ことになるでしょう。

そのどちらであったとしても、現時点で残業や休日出社に苦しむギリギリの状態では変化への対応ができません。

残業をなくし、十分な休暇が取れるように、人的資源に余裕のある状態をつくり出し、それをきちんと維持すること――。それが、中小企業における「超効率ＤＸ」の最初の目標になると考えています。

「超効率DX」による変化6

モチベーションとエンゲージメントの向上で離職率が激減する

▼若者が「夢がありません」と嘆く職場に未来はない

わたしがもっとも「超効率ＤＸを実践してよかったな」と感じているのは、**従業員が自信とモチベーションを持って働いてくれるようになった**ことです。

わたしがウチダレックに入社した２０１６年段階で、当社の離職率はおよそ10％。当時、従業員は50人いましたから、単純計算として年間に５人退職するという計算です。

不動産業界の平均離職率は16・５％（厚生労働省平成29年雇用動向調査）といわれるので当社は平均以下ですが、他業種と比較すればいい数値とはいえません。

実際に、わたしが入社時に新卒で入ってきた従業員のひとりはたった1年程度で退職してしまいました。わたしが退職届を受け取ったのですが、その際にいわれたことがいまだに忘れられません。

「ウチダレックには夢がありません」

この言葉は胸に響きました。

その頃はまだ具体的な社内の改革には着手せず、わたしは自社の事業を理解するために各部署の業務に参加している状況でした。業務環境の様々な問題を把握するにつれ、「やっぱり、若手が希望を感じられない職場に未来はないよな」と感じ、あらためて改革の必要性を再認識しました。

なぜ、辞めてしまった従業員は夢を感じることができなかったのでしょうか。

それにはいろいろな理由があるとは思いますが、その大きな原因は、**「業務の全体像」や「自分の成長」が見えないことにあった**と考えています。

組織的な業務が整っている会社では、まず新人の育成計画を立て、上長や先輩がこの先のキャリアを提示。ステップを踏んで目標設定を行い、その達成を支援していきます。

自分のできる仕事が増え、個人業績などの推移が見えることで自分の成長を感じることができます。そして、部署や会社に貢献している実感が自信とモチベーションにつながります。

また、研修や各部署へのローテーション、他部署の従業員との円滑なコミュニケーション、会議や社内報などでの情報提供によって業務の全体像を見渡すことができ、自分の仕事が次に誰に引き継がれ、どうなっていくのかを理解できます。

しかし、かつてのウチダレックには、そうした環境整備はありませんでした。

新人の配属業務である賃貸営業の窓口業務を行っていましたが、毎日、物件情報に目を通して接客・提案をして、成約があれば事務方に引き継ぐだけ。

そんなことでは、**「新人のうちは黙って仕事をしていなさいという文化」**のなかで、自分の成長やキャリアについて考えてもらえている気がしません。

また、他部署の従業員を見渡せばとにかく忙しそうで、きちんと話す機会もありません。

よって、他部署でどんな業務が行われているのかもよくわからないままで、自分が対応したお客様がそのあとどうなったのかも見えてこない。

日々の仕事が、面白みのない歯車のひとつのような作業に感じられ、希望をなくしていったのではないでしょうか。

▼ＣＲＭでやりがいや成長も「見える化」する

業務改善とクラウド型ＣＲＭの導入によって「超効率ＤＸ」を実現した現在、窓口業務を行う新人社員の環境は次のような変化が起こっています。

・来店されたお客様の顧客情報がCRMを見ればわかる
↓お客様との会話が弾む
・担当外のお客様でも顧客情報をもとに対応できる
↓役立っている実感を得られる
・ヒアリング内容や提案物件がCRMに記録される
↓上司のフィードバックを受けられる
・担当したお客様の以降の進捗状況がわかる
↓他部署の業務を理解し、仕事における自分の役割を実感できる
・自分の売上実績や対応件数、成約率などのデータがCRMでいつでも見られる
↓会社への貢献度や自分の成長を実感でき、励みになる

経済が右肩上がりの時代なら、黙って働いていれば会社も自分も成長し、「生活に困ることはない」と信じられたでしょう。

しかし、将来が不透明な現代では、人は漠然と機械のように働くことは困難であ

り、若者は「ここにいて大丈夫なのか？」と不安を抱きます。

だからこそ、**ＣＲＭの力であらゆる情報を「見える化」し、従業員がつねに自分のやりがいや存在意義、成長を実感し、現在位置を把握できることが大切**だと思うのです。それが働くモチベーションとなり、エンゲージメントにもつながるでしょう。

全従業員に義務付けている日報は、はじめの頃こそ不満や諦観《ていかん》にあふれたコメントばかりでした。それが次第に前向きなコメントが増え、「次はこうしてみよう」という成長への意欲や、「社としてこう対応するべきではないか」という業務改善のアイデアも見られるようになってきました。

それに比例するように、離職率は現在3％にまで下がりました。**「年にひとり辞めるかどうか」にまで低下**したということです。現実的にはまだ離職者はいるわけですが、籍を置いてくれている従業員はみな楽しく働いてくれています。

この現在の職場環境を、「夢がありません……」といって辞めた従業員にも提供したかったと心から思うのです。

第3章

「業務環境の整理」なくして「超効率」は実現しない

超効率DX」実現のためには、「①業務環境の整理」「②クラウド型CRMの導入」という、ふたつのステップを踏む必要があります。

第3章では、その最初のステップとなる「①業務環境の整理」で行うべきことを、4つのプロセスとともに紹介していきます

「業務環境の整理」をやりきるためのマインドセット

▼改革における従業員からの反発にどう立ち向かうべきか？

さて、それではこの章から、どのように「超効率ＤＸ」を行っていくのかに入っていきます。具体的な方法を述べていく前に、まずは改革を進めていく人が持つべき心構えについて見ていきましょう。

本書の冒頭にて、「超効率ＤＸ」に対して既存従業員の反発が大きく、多くの社員が辞めてしまった話をしました。

これは、いくらわたしがウチダレックの跡継ぎとはいえ、新参者が大きく会社を変えようと思えば十分に起こり得ることでしょう。

ただ実際のところは……、**そんな冷静な言葉では片づけられないほど、メンタルがやられました。**

父の代から長く当社を支えてきた諸先輩方に怒りをあらわにされ、悲しまれ、そして見限られていくのですから、心理的負荷は軽くはありません。

口頭、メール、日報で、面と向かって――「あなたは間違っている」「そのやり方はおかしい」と非難してくれる人はまだいいのです。

考え方が合わないのなら、意見をぶつけ合うのは組織として建設的だからです。

月初めの朝礼で、「変えてはならないものもあると思います」とみんなの前で訴えて、そのまま社を出て行った古株の従業員もいました。

ただ、正直な気持ちをいえば、そんな響きの美しい言葉ではなく、もっともっと考えてほしかった。

社を改革していく過程において、そんな「変えてはならないもの」が持つ「価値」をどうすれば残すことができ、より強めることができるのか——長くウチダレックで働いてくれた従業員にこそ考えて、答えを見つけてほしかったのです。

なかには、わざわざ管理委託を受けている物件のオーナーに対し、「ウチダレックはもうダメだ」と触れまわった人もいました。

「なんでそんなことをするんだ！」と憤《いきどお》る気持ちを抑えて、状況説明を求める物件オーナーを一人ひとり訪ね、自分の考えと目指すビジョンを丁寧に話して理解してもらいました。

その当時は、従業員からの反発に対し「なにくそ！」「負けるものか」と自分を奮い立たせていましたが、「あの状況でどうすればよかったのか？」と、いまでも振り返って考えてしまうことがあります。

読者のみなさまには、わたしのような事業継承者だけでなく、そもそもの創業経営者、管理職、一般職の人もいるでしょう。

もちろん、立場も社風もそれぞれ異なりますから、「我が社に限って、社員の反発なんてないよ」という人もいるかもしれません。

それでも、**「改革」というのは一筋縄ではいかないことを事前に知っておいてほしい**と思います。

業務の属人化を解消するにあたり、ある従業員は「それまで積み上げてきたノウハウを奪われる」ととらえて怒ることもあります。

また、**ムダな業務プロセスを排除することで、ある従業員は「当社のよさを壊す行為だ」**となります。

たとえそれが誤解であったとしても、すべて理解されるまでは敵視されるでしょう。その覚悟は絶対に持つべきです。

敵視され、反発されても「やりきる」しかないのです。

反発に屈し改革を中途半端にすれば、あなたは「現場を混乱させただけの人」となります。

強い意志を持って、一つひとつの小さな成果を大切にしながら、冷静な心理状態で取り組まなければなりません。

わたしは、ウチダレックの改革で大きく反発を受けるなかで、こう思いを新たにしました。

「事業継承はベンチャー創業なのだ」

創業から50年も経てば、経営環境も様変わりし、古くからのビジネスモデルも通用しなくなります。

ベンチャーとして事業そのものをつくり直すことが自分の役割であり、そのためには、**あらゆるリスクを取って会社を成長させていこうと心に決めた**のでした。

▼経営者の理解と承認なくして改革は成り立たない

そのような不退転の気構えで臨んだ「超効率ＤＸ」の改革ですが、けっして自分は孤独ではありませんでした。

大きな心の拠《よ》り所は、先代であり現・ウチダレック社長である父がこの改革を理解してくれたことです。

もともと当社は、祖父が創業したときは賃貸や売買の仲介をするだけの不動産会社でした。それを父の代で物件管理を手がけ、鳥取県に進出していた大手ハウスメーカーが建設したアパートの管理を一手に引き受け、そこから事業を拡大していったという経緯があります。

しかし、下請けに甘んじていては成長に限りがあると考え、自ら建築士を雇い入れ、社内に建築部門を立ち上げたのです。それはつまり、大手ハウスメーカーとの競合を意味しますから、管理委託はすべて引き上げられてしまいました。

それでも、ＬＰガス事業も立ち上げ、アパートの建築からインフラ管理も含めてオールインワンで対応できる物件管理のビジネスモデルとすることで実績をつくってきました。

父もまた、時代の空気を読み、リスクを取って事業をつくり直して会社を成長させてきた人なのです。ときに、〝経営者としての孤独〟と戦いながら——。


ですから、現在の会社の業務環境をいまの時代に合わせていく必要があることを理解してくれました。現状に危機感を持っていたものの、ＩＴへの苦手意識もあり、どうしていいかわからないところがあったのでしょう。

当時、経営指標のうえでは、借入ゼロの自己資本比率90％でしたから、「いまの会社の状況になにが不満なのだ。多少の問題があっても現状維持でいいではないか」という判断をしてもおかしくありませんでした。

それでも自社に問題意識を持ち「超効率ＤＸ」を支持できた父は、息子であるわたしから見ても、懐の深さがあり、決断力のある人間であることを実感した次第です。

ただ、創業一家だからといって、すべてを好きにしていいわけではありません。あくまでも会社は法人という〝別人格〟であり、わたしたちはその経営者・筆頭株主に過ぎないからです。

よって、**「超効率DX」も「会社の理念の延長上にある」という大義を重視**しました。

そこで関連させたのが、**当社の根幹となる「環境整備」という考え方**です。一倉定《いちくらさだむ》さんという、「中小企業の救世主」と呼ばれた著名な経営コンサルタントを父が尊敬しており、その考えを経営の土台としていたことから重視したキーワードです。

現在も当社従業員は毎朝・毎夕、店舗とオフィスを清掃することから1日をはじめ、おえるのですが、それはまさに環境整備の考えに基づく習慣です。

「超効率DX」もまた、**従業員の業務環境を整え、安心と誇りを持って働き、成長実感を持てる企業となることをゴールに見据え、環境整備を図るためのアクション**と位置づけたのです。

まとめると、社長（父）と共有したものは以下の3つです。

- **理念とのすり合わせ**……「超効率DX」は環境整備の一環
- **ゴールの設定**…………従業員が安心し、成長実感を持って働ける業務環境
- **危機意識の共有**………人口減少による市場の縮小への対応

事業継承者とはいえ、わたしはトップではありませんから、このすり合わせを密に行っていたことが**「社長と共通認識を持てている」という支え**となり、ブレずに改革をやり遂げる力になりました。

これはけっして〝免罪符〟ということではなく、**人の感情や反発と渡り合ううえでメンタルを保つには、「スタンドプレーではない」という根拠が重要**なのです。

古参の従業員が退職してしまったときは父に怒鳴られもしましたし、「まるでおまえは違う惑星からきたエイリアンのようだ」と困惑されたこともありました。

それでも、「もう辞めろ」といわれなかったのは、逐一ロジカルに成果を示していたことに加え、このすり合わせによって父もまた、腹が決まっていたからだと考えています。

一般論として**大企業においても、「ＤＸの実現にはトップの理解と承認、コミットは必要不可欠」**といわれています。

社内からの多くの反発も起こるなかで、改革担当者に過剰な非難を向けさせないためでもありますし、痛みをともなう改革であるからこそトップが自らの意思を従業員に語りかけ、協力を求め、意思統一を図っていくことが重要なのです。

経営者ではない読者のみなさまが**「超効率ＤＸ」に挑む際は、くれぐれもトップとの密なコミュニケーションと承認を大切**にしてください。つねに意思決定の責任は経営層にあり、管理職や従業員であるあなたが負うのは苦労と努力、そして、「やり遂げる」という覚悟だけでいいのです。

「超効率ＤＸ」で取り組む、「業務環境の整理」の４つのステップ

▼ひとつの部署ごとに段階を踏んで業務環境を整える

腹を据えた経営者の承認も済んだとあれば、いよいよ「超効率ＤＸ」への行動を開始するときです。おさらいですが、「超効率ＤＸ」の要点は以下のふたつです。

①業務環境の整理
↓業務プロセスのムダを排除し、マニュアル化すること

②クラウド型ＣＲＭの導入
↓すべての部署・部門の業務を一気通貫して効率化できるクラウド型ＣＲＭを導入

し、顧客情報・案件管理の「見える化」と業務効率化をサポート

みなさまが取り掛かる際、最初に手がけるのが「**①業務環境の整理**」となります。

具体的になにをするのか、**4つのステップ**に分類しました。

ステップ1、業務プロセスの洗い出しとムダ取り
ステップ2、業務プロセスの標準化とマニュアル作成
ステップ3、アウトソーシングを検討する
ステップ4、業務の再編成とマルチタスク化

ステップ1から、ステップ3までを頭に入れて、最後に4を検討するというイメージでしょうか。

全体を意識して行うのが理想的ではありますが、業務の工程が多い場合は、難しい場合もあります。

その場合は、ひとつずつ、順々に検討していくようにしてください。

また、この「超効率ＤＸ」を複数メンバーで組織化して行っているのなら別ですが、ひとりで行うのなら、「ひとつの部署」ごとに業務環境の整理を進めましょう。

というのは、従業員の反発があるからです。

改善には経営者や担当者の手厚いコミットが必要であり、ひとつずつ改善の成果を確認しながら進めることがポイントです。

それでは、それぞれ、当社の改革の事例を交えながら説明していきましょう。

なお、はじめは読んでいて「暗いな……」と感じるかもしれません。

なぜなら、この一連のプロセスは、序盤は反発や無理解と戦う必要性が高く、次第に周囲の雰囲気が変わっていくからです。

それぞれのステップで、自社だったらどんなことができて、なにが課題となるか想像しながら読み進めてください。

業務環境の整理ステップ1

業務プロセスの洗い出しとムダ取り

▼ただの「慣習」なら、そんなムダは取り払う

まずは、ステップ1の業務プロセスの洗い出しとムダ取りです。

「ムダなことは、あたりまえにひそんでいる」

これはわたしが、「超効率ＤＸ」に取り掛かってみて気づいた、ひとつのキーワードです。

ムダを洗い出すときは、あますことなく、すべてを「疑う」ことからはじめてください。

ほかの会社でもやっているからとか、長年やっているからとか、そういうことは、

■ マイソク（物件セレクト）とは?

物件の間取りや賃料、所在地などの情報を1枚にまとめた物件情報シートのこと

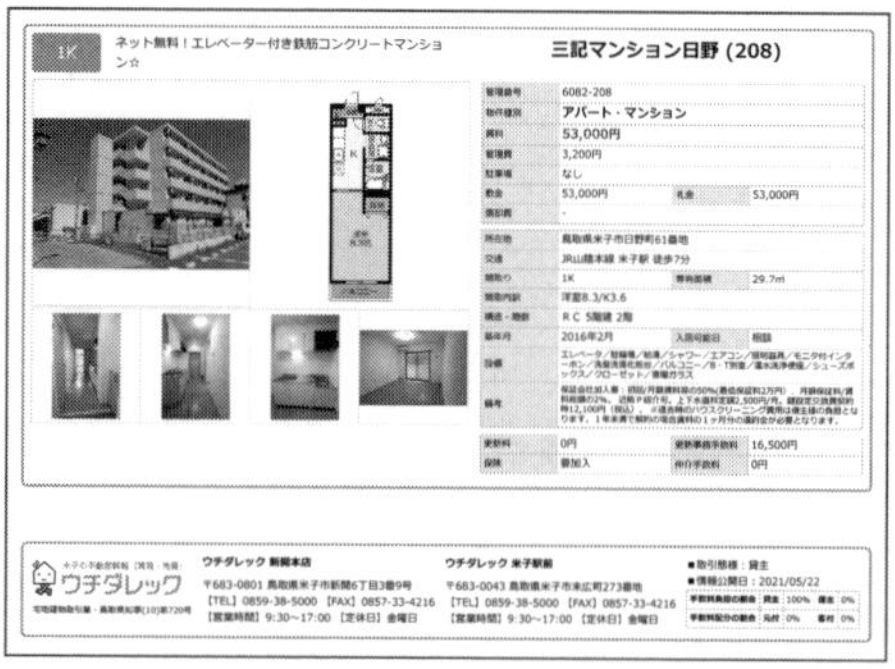

関係ありません。むしろそういうところにこそ、ムダがひそんでいるのです。

「これって、なんのためにあるんですか?」

「超効率ＤＸ」に取り掛かる過程で、ふと気になったのは店頭や店内に大量に貼り出されている「マイソク（物件セレクトと呼ぶ場合もあります）」でした。

「マイソク」とは不動産業の用語で、物件の価格と概要、写真、間取り図などをまとめた資料のことです。多くの不動産会社で店外に向けて貼り出されているの

でイメージできると思います。

このマイソクの管理は、けっこうな業務負荷なのです。

自社管理物件で空室が出れば、そのマイソクを手作業で作成します。また、「客付け」という他社管理物件の空室を斡旋《あっせん》してマージンを得るビジネスもあり、不動産業界用のサイトで情報を確認して売れそうな物件を探してマイソクを作成することもあります。物件情報は毎日更新されますから、新しいものが出ればつくって貼り、決まった物件は探して剥《は》がす必要に迫られます。

だからこそ、「なんのためにあるのか？　これは、いらないんじゃないか？」と思ったのです。

「いや、それがないと不動産会社は成り立たないんじゃないの？」と思われた人は、おそらく都市圏に住み、そこで働いているのではないでしょうか。

東京や大阪などの大都市では駅前をたくさんの人が歩いていますから、マイソクを出しておけば買い物や会社帰りになんとなく立ち止まって見てくれます。

しかし、地方は車社会であり「人が歩いていない」のです。買い物も通勤もみんな車移動のため、駅前でも歩行者はまばら。これは、都会よりも田舎のほうが基本的に運動不足とされる所以です。

商店街のアーケードや商業施設内ならともかく、米子駅から少し離れた国道沿いの本店も、米子駅前の支店も人通りは少なく、誰もマイソクを見てくれません。

ある日、「ムダならやめちゃいましょうよ」というと、「この人はなにをいっているんだ……？」と周囲に怪訝《けげん》な顔をされました。その気持ちは理解できます。むかしから、**「不動産会社の日常」としてあたりまえにやるべきことであり、あたりまえ過ぎて疑うこともなかった**のでしょう。

逆に**わたしは、それまで不動産業にいっさいかかわらずに入社したので、「あたりまえ」ととらえられなかった**だけです。

インターネットが普及する以前なら、お客様は不動産会社にわざわざ足を運んで探しに来たかもしれません。でもいまは、ほぼすべてのお客様が物件情報サイトを見て、目星をつけてから来店します。

目星がついているわけで、ある程度の要望はわかりますから、その物件以外の候補はわたしたちが提案すればいいだけ。そんなことから、「とりあえず、1回なくしてみて検証しましょう」と呼びかけていました。

それでも、「毎週マイソクを見に来るおじいさんがいるから無意味ではない」といって、なかなか実行してくれません。

聞けば、そのおじいさんは長年、趣味で見に来ているだけで一度も商談にいたったことはないそう。

そんなことを理由にするのは、業務の変化を嫌っているだけに過ぎません。誰もが、不動産業界にある「あたりまえを疑えない」状態だったのです。

結局わたしが我慢しきれず、深夜のうちにすべてのマイソクを剥がすという強硬手段に出ました。

その出来事から3カ月間の来店件数や成約件数などを検証した結果、マイソクのあった前年同月比より減少することもなく、むしろ成約率が平均2％アップしていました。

もちろんそれは、以降の継続的な検証でも同様の結果です。

お客様は気に入った物件があっても、成約直前に「本当にこれでいいのかな？」と最後に迷うのです。つまり、**店内に貼られたマイソクが目移りの原因になっていた**ので、それをなくすことで、お客様の意思が固まりやすい効果があったと見ています。

業務プロセスの洗い出しとムダ取りとは、例えばこのマイソク管理の撤廃のような業務改善です。

賃貸営業の**一連の業務プロセスを把握し、そのなかで生産性に寄与しない不要なプロセスがあれば取り払い、その後の影響を検証するところまでがセット**です。

しかしながら、自分のなかでは「不要だ」と思っても、思わぬところでプロセスが重要性を持っている場合もあります。必ず、その後の影響を検証することを忘れないでください。

▼それぞれの業務に入り込まないと自社の課題は見えない

マイソク管理のように、客観的な視点で社内の業務を見渡せば、改善できるポイントはたくさん見つかります。**勤務年数が長い従業員は、その場に長くいて「あたりまえ」に感じているだけですから、日々の職場で起こる現象を疑ってみることが大切**です。

先述したように、当社は「環境整備」を重視することから、毎日、業務のはじめに店舗やオフィスの清掃を行っています。しかし、わたしが入社した当時、ベテラン従業員が1時間も早く出社して清掃しているようすが見られました。しかも、それが素晴らしい勤務姿勢として会社に評価されていたのです。

子どもの世話などもあって定時にしか来られない従業員からしたら、不公平でしかありません。


そこで、「今度から清掃は15分で行うようルール化しませんか？」と終礼で提議すると、さっそく「それじゃ掃除になっていないだろう」「環境整備は当社の根幹だ」と口頭や日報で反発が返ってきました。

ですが、当時のオフィスは１２０坪で、そこに50人の社員がいましたから、ひとり2坪少々を15分で清掃できないわけがありません。やってみたら、あっさりとできてしまいました。


このように、日々の業務で起こっていることに注視し、「ツッコミどころ」を探していくのです。

ただし、マイソク管理も長時間の掃除も、これはいわば「見えやすい問題」です。

残念ながら、それらは氷山の一角であり、**表面的に見えることだけ解決していても、部分的な業務効率化にしかなりません。**

当時のウチダレックは、各従業員がバラバラの業務プロセスで仕事をしており、進捗管理も見えず、統一されたマニュアルなどもありませんでした。個々の業務がブラックボックス化していたのです。

よって、ブラックボックスの外側にいては、「残業が多い」「職場の雰囲気が悪い」「若手が育たない」といった現象が見えるばかり。非効率の原因は、各部署の業務に細かくちりばめられてしまっており、簡単に見出すことはできない状態でした。

各部署の細かな業務改善を行うには、それぞれの部署に入り込んで業務プロセスを洗い出す、いわば「ブラックボックスを地道に解体していく」アクションを起こさなくてはなりません。

「これを直せば、パパッと解決！」とはいかないのです。

経理部門に入り込んで一緒に仕事をしてみると、当時の経理担当が振替伝票を起票していました。しかし、すでに会計システムを導入していたので、銀行口座の入出金も会計システムに入力すればよく、アナログ時代のプロセスだけが残っている状態だったのです。

管理部門では、退去する入居者から口頭の連絡だけでなく、所定の「退去通知」というハガキを送ってもらっていました。

それが届けばいいだけなのですが、わざわざ「退去通知を拝受しました」という手紙を返送していたのです。

以前、「退去通知が届いたなら返事がほしい」というお客様からの連絡があり、すべての退去者に返事をするようにしたそう。ただ、それまでそんな連絡は一度も発生したことがなかったのですから、極めてレアなケースに対し、業務プロセスをひと手間増やしていたに過ぎません。

「業務の洗い出し」とは、このような外側からは見えない細かな非効率を、一つひとつ見つけ出して現状を認識する行為であり、「ムダ取り」とはシラミ潰しの地道な行為なのです。

▼全社の部署を順にまわって業務を洗い出す

そこでわたしは、**ウチダレックの実態を把握するために、各部署の業務をすべて覚えてやってみる**ことにしました。

実際に業務に携《たずさ》わってみる――。これが、超効率への、地道ですが着実な一歩となります。

別に、スペシャリストになる必要はなく、ある程度の業務の流れを覚えましょう。

例えば、わたしは次のような業務を行いました。

・営業部門の賃貸、売買の仲介、物件オーナーへのアパート経営の提案

・業務部門の各種契約処理
・管理部門のアパート運営、入居者管理、入退去の対応、コールセンター業務
・経理部門の財務管理、オーナーへの送金管理
・その他、建築部門やＬＰガス部門　など

ゴールは、あくまでも業務を覚えることではなく、業務改善です。
業務プロセスの洗い出しのあとには、次のステップがあることを念頭に置きながら業務を行っていきましょう。

ステップ1、業務プロセスの洗い出しとムダ取り
ステップ2、業務プロセスの標準化とマニュアル作成
ステップ3、アウトソーシングを検討する

わたしは、この３つの改善のプロセスを１部署あたり３カ月から半年かけて行い、

ある程度の効率化の目安が見えたところで次の部署に移るということを繰り返していきました。そして**各部署をまわり、事業全体の改善が済んだあとで、「業務環境の整理」で行う4つのステップにおける最後のステップとなる「業務の再編成とマルチタスク化」を検討**しました（同時にシステム導入の検討も行っていますが、ここでは切り離して説明します）。

あたりまえの話ですが、こんなことは短期間でできるわけがありません。そのため、**各部署の従業員が協力し、自分で業務プロセスを開示してくれることが理想**です。自分で自分の業務をマニュアル化し、第三者にわかるように伝えてもらうのです。

経営者ではなく管理職や一般社員である場合、各部署の業務に入り込むことはトップの特別な許可でもない限り困難でしょう。

よって、改革プロジェクトを組織し、各部署で主体的に取り組んでくれるメンバーを集め、意思の統一を図り、各部署の業務プロセスを開示していくことがスタートになると思います。

しかし、当時のウチダレックとわたしの場合は、状況がより悪かったように感じます。なぜなら、オフィスの清掃の事例からわかるように、**従業員は改革に否定的で、改善案に対して「とりあえず否定から入って現状維持しようとする」メンタリティが蔓延**していたからです。

ブラックボックスを見えないままにするような、非建設的な力が働いていました。

そうなると、改革の主導者であるわたしが直接入り込んで、「本気度」を示し続ける必要が出てきます。また、「自分で業務を洗い出して改善して」と担当者にまかせるだけでは、「改善点などない。改善は無理だ」と否定されることはあきらかです。

一緒に席を並べて仕事内容を細かく理解し、そこにムダな業務があればきちんと指摘する。「とりあえず否定から入ってしまう反応」に対して具体的なアドバイスを送り、改善するために必要な仕組みづくりをして、一つひとつ潰して変えていくしかないと考えたのです。

業務環境の整理ステップ2

業務プロセスの標準化とマニュアル作成

▼コールセンター業務における「マニュアル不在」の例

続いて、業務のプロセスの標準化と業務マニュアルの作成です。

別にこれは、特別なことをするわけではありません。箇条書きでいいので、洗い出しした各部署・各担当者の業務プロセスを言葉にして書き出し、手順をまとめてみましょう。

ただし、**「担当者の経験に基づく勘所」で行っていた業務は、すべて具体化**してください。第三者が見てもはっきりと仕事のやり方が再現できるように書くことがなにより重要です。

それぞれの業務プロセスを集めたら、それらを統合し「もっとも効率的な業務プロセス」にまとめます。

これが、「業務プロセスの標準化」です。

最後に、標準化した業務プロセスを「第三者が見て再現できるように」言葉で書き出します。

これが、「マニュアル作成」です。

ポイントは次の3つです。

・標準化した業務プロセスを実践し、その成果を数字で共有して納得感を得る
・マニュアルはオンラインに置き、従業員がいつでも見られるようにする
・マニュアルは従業員の協力のもと、より効率的に改善し続ける

では、わたしがどのようにマニュアル化をしていったのか、事例から見ていきます。

ウチダレックのアパート入居者管理などを行う管理部門では、3名が管理業務との兼任で「コールセンター対応」をメイン業務としていました。

入居者から寄せられる、「エアコンが壊れた」「隣人がうるさい」といったあらゆる要望やクレームなどに対応することが役割です。

しかし、そのうちのAさんが「クレーム対応のスペシャリスト」として、「すごく怒っているお客様」に対応することになっていたのです。誰も受けたがらないことを引き受けてくれるため、現場では重宝されていました。

得意分野を活かした業務分担といえば聞こえはいいのですが、これは**典型的な業務の属人化であり、管理者としては「Aさんがお休みだったら不出来な対応になるの？」**と心配になります。

そもそも、上長が「もうすべてAさんにまかせていれば安心です！」と丸投げにしているのも引っかかる。

Aさんが不在のときや、Aさんでもうまく対応ができないとき、上長が最善の対応を図るべきですが、あまり関心を持っていないように見えました。

実際にわたしがコールセンター業務に入り込んでみると、マニュアルらしいものがどこにも見あたりません。

「お客様に『エアコンが壊れた』といわれたら○○に報告」など、受電後の対応方法はあっても、コールセンターのトークフローが存在しないのです。

これでは、その都度担当者のコミュニケーション能力に頼って対応をしなければならず、それこそクレームの対応は苦痛で難易度の高い業務になってしまいます。本来、お客様から寄せられるクレームごとに回答事例を蓄積し、ブラッシュアップして最適な回答例にしていくのが常道です。

お客様の各種クレームに対応した最善のトークフローを用意し、どこまでの解決策なら提示していいかの裁量も決めておけば、お客様の感情にかかわらず伝えるべき内容はクリアでいられ、対応の難易度を下げることができます。

そこでコールセンター担当者ごとにバラバラになっていたいいまわしをとりまとめ、余計ないいまわしやトラブルの原因となるいいまわしを改善。とくにスペシャリストAさんの頭のなかにあった「怒りをなだめるノウハウ」をしっかり活かしながら、統一のトークフローとして業務を標準化しました。

あわせて、一定の決裁権を持つわたしがイレギュラーな問い合わせを受けるたびに、トークフローや対応方法を公式に定め、詳細にマニュアル化し、コールセンター担当者の対応レベルを合わせていきました。

明文化することで、上長もコールセンター業務の要点がわかり、判断に困る事態があったときにスムーズな連携を図れる体制をつくることができました。

▼マニュアル化によって業務の難易度を下げる

このコールセンターの改善のように、**「ステップ1、業務プロセスの洗い出しとムダ取り」**と**「ステップ2、業務プロセスの標準化とマニュアル作成」**はセットで対応することになります。

とくに営業力の強化において重要なことですが、**最善に標準化されたプロセスをマニュアル化することは業務の難易度を下げる**ことにつながります。

例えばウチダレックでは、土地のオーナーのもとにアパートやビルの建設を提案したり、既存物件の管理委託を提案したりするオーナー営業の業務がありました。

ですが、それらをステージの高い営業活動としてとらえていて、ベテラン営業しか担当しておらず、きちんとしたやり方も言語化されていませんでした。

資産状況やオーナーの要望、関係性を踏まえて自分の頭で考えることが重要なため、経験や人間力がモノをいうと考えられていたことが原因です。

売上への貢献度も高く、重要なストック収益になるにもかかわらず、若手にチャレンジの道が拓けていなかったのです。

その業務も、不動産営業の初心者であるわたしが参加して、ひととおりオーナーへの営業活動を実践してみました。

やってみれば、なんということはありません。まずは「提案メニュー」を整理し、一覧化しました。

また、ベテラン営業の知見を取り入れ、オーナーの反応がよかった提案を検証し、物件やリフォームを提案するべき条件設定をとりまとめ、「こんなオーナーだったら、こんな提案をしてみよう」というパターンをまとめたマニュアルを作成しました。

その結果、**若手の営業も参入障壁が下がり、チャレンジしてみようという気持ちになっていった**のです。そうなれば、彼ら彼女らが自分の経験をフィードバックして、マニュアルをさらに進化させていくことも可能になります。

▼改革が成功していくと従業員の反応が変わってくる

いくつか**改革の事例が出てくると、従業員の反応は次第に変わってきます。**

あれほど現状維持に固執し反発していた空気は薄れ、「意外といいことなんじゃないか？」という空気に変わってくればしめたもの。

次の部署でまた、「業務プロセスの洗い出しとムダ取り」「業務プロセスの標準化とマニュアル作成」の過程に入る際に、業務プロセスの開示に協力的になり、改善案の受け入れがスムーズになっていきます。

はっきりと改革に賛同してくれる味方が現れれば、自分はある部署に入り込んで改革を進めながら、別の部署でも協力者を通じて改革を同時進行で進めていくこともできるようになります。

その空気感をつくるためには、**各部署で改革を進める過程で、しっかりと成果を数値で検証し、全社に共有し続ける**ことが求められます。

「隣の部署はいい効果があったらしい」となると、関心を持つのは人の常です。売上や生産性だけでなく、削減できた労働時間数や残業時間など、**企業と従業員双方のメリットを客観的な数値で示していきましょう。**

自分ひとりで孤軍奮闘していると、周囲すべてが敵のように見えてしまうかもしれませんが、改革は企業の未来のためであり、ひいてはそこで働く従業員のためでもあります。

理解を得られなくても改革を進める強い意志を持つ一方、改革への理解を得ようとする努力はあきらめないでほしいと思います。

そうした経験を経たいまでは**「改革の初期段階から味方をつくる努力を重視してもよかったのではないか？」**と思うようになりました。

改革の過程ではっきりと賛同してくれた若手従業員のなかには、はじめの頃はベテラン従業員の反発の声が強くて、賛同の声を挙げられない者もいました。

確かにベテラン従業員の存在は一筋縄にはいきませんが、若手従業員と膝詰めで話し小さな協力でも得ていたら、よりスムーズであったのかもしれません。

▼マニュアルはいつでも見られるようにしておく

これは「無印良品」の有名な事例ですが、運営会社である株式会社良品計画では、社内のポータルサイトに「ＭＵＪＩＧＲＡＭ（ムジグラム）」という店舗のオペレーションマニュアルを設置しています。

無印良品では、かつて２０００年代前半に大赤字におちいった際、その原因を**「個人の経験や勘に頼った店舗運営を行ったこと」**としたのです。

つまりこれは業務の属人化が原因であり、店舗ごと、従業員ごとにバラバラの仕事の仕方をした結果、無印良品としてのスキルやノウハウを洗練させることができなくなっていたということを意味します。業種も事業規模も違いますが、ウチダレックと近しい課題を持っていたことになります。

その解決策として、**店舗オペレーションを標準化し、新人でも理解できるようにわかりやすく、具体的にまとめた全13冊、約２０００ページにわたるマニュアルが「ＭＵＪＩＧＲＡＭ」**です。

判断に迷ったときはこれを読めば、「誰もが無印良品として90点の仕事ができる」とされています。

それには及びませんが、ウチダレックも**「ＵＣＨＩＧＲＡＭ（ウチグラム）」という、各部署の標準化したオペレーションを細かく記したマニュアルを社内ポータルサイトに掲示**しています。

新入や新しい部署に異動した従業員も、これを読めばおおよそのやるべきことが理解できるよう、詳細に手順を示しています。

また、本家にならい、**ただ手順を示すだけではなく「なぜ、そのプロセスが必要なのか」をしっかり説明し、オペレーションの目的を明確にしています。**

■ ウチダレック の「UCHIGRAM」

ウチダレックでは、社内の各部署の業務マニュアルを分類・整理し、WEBサイト「UCHIGRAM」として管理。社員にのみアクセス権限を与え、外出先からでもPCやスマートフォンで確認できるようにしている

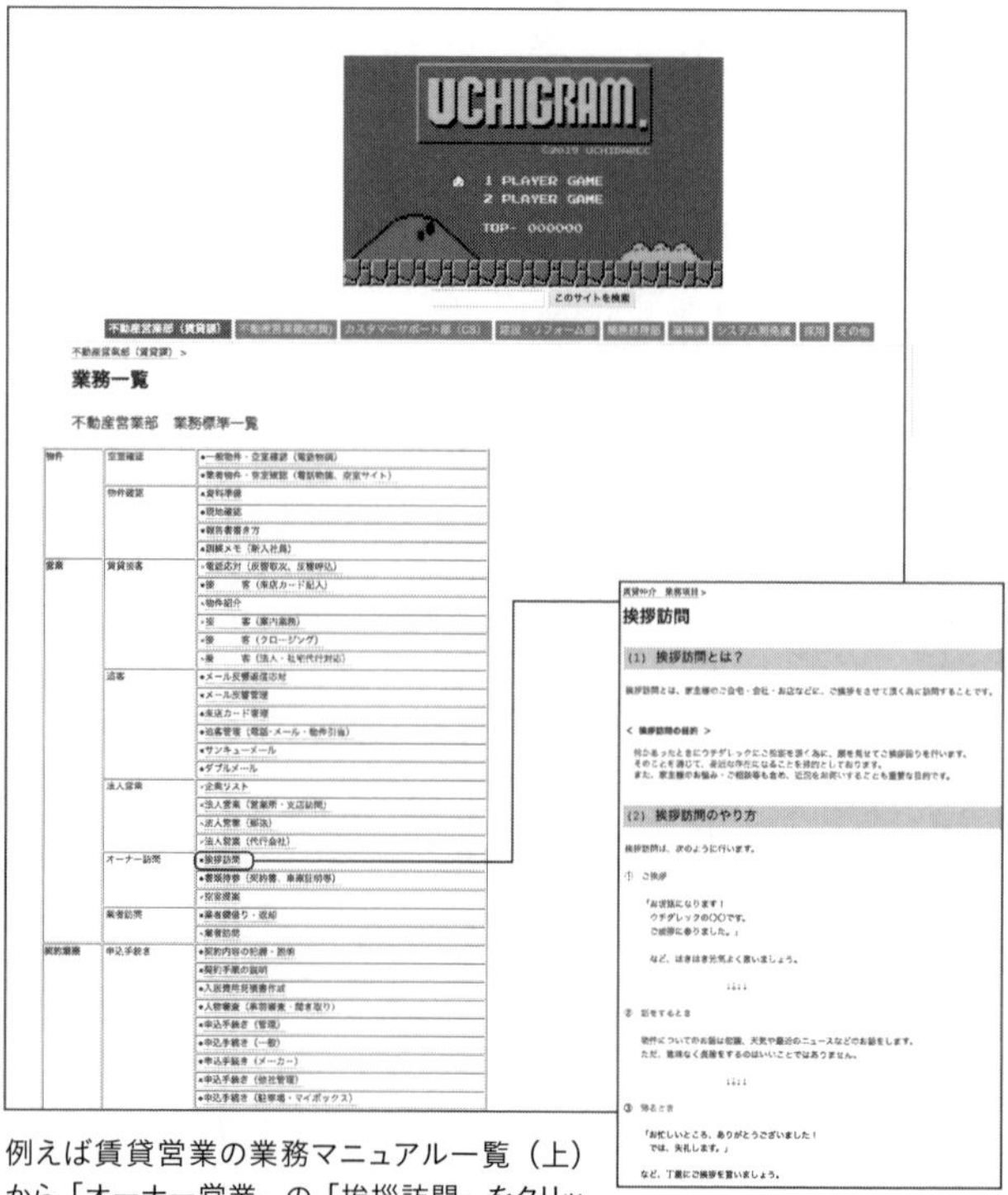

例えば賃貸営業の業務マニュアル一覧（上）から「オーナー営業」の「挨拶訪問」をクリックすると詳細なマニュアル（右）を確認できる

目的を記すことで、「それならこんな方法もあるんじゃないか?」「もっとこうすればよくなるんじゃないか?」と、考えるきっかけにしてもらい、オペレーションを従業員にブラッシュアップしてもらうことを期待しているのです。

この「UCHIGRAM」も、はじめはわたしひとりで書いていたのですが、改革への賛同が得られ従業員が前向きになっていくにつれ、従業員にマニュアルの加筆をまかせていけるようになりました。

業務環境の整理ステップ3

アウトソーシングを検討する

▼「内見」をアウトソーシングする

超効率を実現する業務環境の整理は、なにも社内だけを見ていればいいわけではありません。

社外のリソースも有効に使うことを考えてください。

つまり、社内の業務をアウトソーシング（外注）するということです。

では、どのような業務をアウトソーシングすればいいのか。業務によって違いがあると思いますが、簡単にまとめると、次の図のような感じではないでしょうか。

ただし、個人情報や企業の核となる情報に対してのセキュリティに関しては、きち

■ アウトソーシングの考え方

アウトソーシングの基本は、
「コア業務」は社内（インソース）で対応し
「ノンコア業務」は外注（アウトソース）する

特定の部門や機能全体を「丸投げ」することも可能だが、
各部門の業務のなかでルーティンワークを切り出してアウトソーシングし、
より重要性の高い業務に従業員を集中させることが効果的

コア業務
利益を生む業務／標準化・マニュアル化が困難で専門的・戦略的な判断が必要な業務

ノンコア業務
コア業務を支援する業務／標準化・マニュアル化しやすく高度な判断が不要な業務

●経理・総務・人事

経理では「記帳業務」「立替経費計算」「給与計算」「請求書発送」などのルーティンワークを外注すれば、予算管理や業績管理など経営判断への貢献に集中することができる
総務では「勤怠管理」の外注、人事では「採用」の募集・管理を外注して従業員は面接に特化するといった業務分担が可能

●営業

営業スキームが確立している場合、「営業代行」など社外に戦力を追加することができる。また、「テレアポ」だけを任せたり、「データ入力」「契約書作成」などの営業事務を任せたりすることも可能

●コールセンター

コールセンターは機能をまるごとアウトソーシングするのが一般的

●データ入力

紙の書類のPDF化やテキストデータ化などもアウトソーシングが可能。システム化にあたって以前の紙の書類をデータ化する必要がある場合は利用する

んと機密保持契約を結び、過度に情報を与えないよう業務に制限をかけるなどの注意が必要です。

では、具体的に想像しやすいように、当社の例を紹介します。

当社ではいま、**賃貸物件の内見を申し込まれたお客様の約6割に「タクシー内見」をご利用**いただいています。

ご存じだと思いますが、「内見」とはお客様が検討する物件を実際に見にいくことです。一般的には不動産会社の営業が同行して車でお連れし、だいたい3件～5件まわって2時間ほどの時間を費やします。閑散期はともかく、**繁忙期に内見で時間を取られてしまうのはかなり効率が悪い**のです。

そこで、愛媛県の不動産会社さんの事例を参考にして、お客様にタクシーで内見に行ってきてもらうという選択肢を用意しました。もちろんその内見には当社の従業員は同行しません。

お客様は店舗に来て、内見に向かう物件を決めたらタクシーでまわってもらい、また店舗に戻ってきて検討する流れとなります。

タクシー会社とは機密保持契約を結び部屋の鍵番号を教えるので、物件に同行するのは運転手です。お客様からすれば、いちいちウチダレックの営業に売り込みをかけられる心配もなく物件をチェックすることができるので、「気軽に内見ができる」と好評です。

このアウトソーシングは、タクシー会社が法人用プランとして持っているわけではないので、地元のタクシー会社とゼロベースで交渉しました。運転手向けの勉強会を開催し、注意事項を徹底してもらう必要はありますが、タクシー会社としては平日の昼間に貸切をたくさん受注できるのでまさにウインウインの事例となっています。

一方、このプランを提案した際、社内ではかなり強い反発がありました。「内見は重要な営業活動の場」で「同行しなければ成約率が下がる」という意見や、「お客様の扱いがぞんざいで、企業理念の『お客様第一主義』に反する」といった意見です。

ですが、先述の業務プロセスを洗い出す過程で、**わたし自身が実際に営業部門に入り込み、賃貸営業を経験してきたことが強み**となっていました。なにも知らずに「内見をアウトソーシングする」といい出したら思いつきに過ぎませんが、現場を知ったうえで業界外から来た人間の客観視を踏まえて、「内見の営業同行はあまり意味がない」と判断したのです。

実際に、タクシー内見導入後の成約率を検証してみても、悪い影響は見られません。

また、「お客様を軽んじている」という意見は、少し前までは「アウトソーシング」という行為に不慣れな企業ではよくあった反発や葛藤かもしれません。「大事なお客様を他社の人間にまかせるなんて！」ということです。

しかし、**若い世代を中心とする多くのお客様は、すでにその感覚になじまない**のではないでしょうか。必要以上の「おもてなし」で手間と時間とコストをかけられるより、効率性が対応スピードや価格に跳ね返るほうがうれしく、付加価値を感じる時代に変わっています。だからこそ、ネット通販やファストファッションが支持されています。

そして、不動産業界のメインターゲットの20代・30代では、その傾向は顕著です。高齢層のお客様などで、「客を外部の人間にまかせるの?」という声がある場合は、営業同行の内見を選択すればいいだけなので、お客様に合わせた選択ができるようであれば問題はないでしょう。

▼アウトソーシングはマニュアルの整備が大前提

アウトソーシングにはコストがかかりますが、インパクトの大きな業務効率化を実現することができます。

タクシー内見の導入では一連の業務効率化も相まって、賃貸営業の業務効率を30%以上アップさせることができています。削減される人件費を考えれば、アウトソーシングのコストに十分に見合う効果を発揮してくれています。

ただし、**その実現には「ステップ1、業務プロセスの洗い出しとムダ取り」と「ステップ2、業務プロセスの標準化とマニュアル作成」の過程が不可欠です。**業務プロセスがグチャグチャのままでは、アウトソーシング先の企業も最適な行動を取ることができませんし、ムダな工程が多ければ要求されるコストも高くなります。

まして、「そこはいいと思うようにやってください」なんて丸投げのオーダーを出せば、適当に扱われてしまいかねません。

まず社内の人間にとって、オペレーションの目的と手順が明快にわかるマニュアルを作成すること。それがあって初めて、業務プロセスのどの部分をアウトソーシングするかを検討することができますし、第三者にもミッションをわかりやすく伝えることができます。

ただし、後述しますが、煩雑過ぎて整理できない業務では「先方のプロの知見を活かし、業務整理の段階から「アウトソーシングする」という方法もあります。

▼プロの視点と知見を業務改善に活かす

先述のコールセンター業務も、実は、現在ではアウトソーシングしています。それも一連の取り組みによって、当社にとって必要なトークフローや対応マニュアルを整備したことで実現できました。

むしろ、コールセンターのような業務では、**アウトソーシング先のスタッフのほうが習熟度に優れ、クオリティの高い応対ができます**。よって、業務効率化に加えて顧客満足度への効果が期待できるのです。

また、プロの視点とノウハウで、**当社のトークフローをさらに改善してくれた点もアウトソーシングするメリット**になりました。

それまでコールセンターを担当していた従業員は、管理部門として「クレームを未然に防ぐ対応」を考える時間的余裕が生まれ、サービス向上に努めてくれています。

そのほか、経理業務の仕訳作業では経理業務のアウトソーシング会社と契約し、対応をまかせています。

経理業務は、経理の知識が浅いわたしが入り込んで教えてもらうくらいでは理解が難しく、「あるべき状態」をイメージしがたいことから、改善に苦しんだ部門でした。そこで、様々な企業の事例とプロの知見を持つ会社に、業務整理の段階から手伝ってもらうことでムダを排除し、マニュアル化まで持っていくことができました。

このように、アウトソーシングを前提とするのであれば、**業務プロセスの洗い出しは自分たちで行い、ムダの排除や標準化では、プロとともに理想形を考えていく**ということもできます。

業務環境の整理ステップ4

業務の再編成とマルチタスク化

▼マニュアルによって実現する業務のマルチタスク化

「業務プロセスの洗い出し」からはじまった一連の改革で、各部署の業務を細かく理解していくと**「この仕事って、別の部署の人が一緒にやったほうが効率的じゃないかな？」**と思うことが多々あります。

業務や組織の再編成も含めて考えることが、ムダな仕事をゼロにする「超効率DX」を実現するためには必要になります。

それは例えば、次のような業務です。

ウチダレックでは、アパートの管理委託だけでなく、ＬＰガスの工事・供給も行っています。道路下を都市ガスが走っているエリアばかりではないため、ガスボンベを設置・取替するＬＰガスの需要が残っているのです。

ですが、かつては入居者管理を行う管理部門とＬＰガス部門とで連携が取れていないために、こんな事態がよく起こっていました。

アパートを退去するお客様に対し、午前にウチダレックが退去の立会い（部屋の修繕が必要かどうか判断する敷金精算）に伺《うかが》い、午後はウチダレックがガスの閉栓作業に伺ったのです。そもそも日程調整の連絡段階から動きがバラバラでした。

お客様からすれば、「同じウチダレックならまとめて対応してよ。こっちだってヒマじゃないいんだよ！」という気持ちになりますよね。

お客様への負担軽減であれば、ＣＲＭの導入によって連携を深めることで同じ時間のアポイントでの対応ができるようになるでしょう。

でも、**当社自体の効率を考えれば「そのふたつの作業は、同じ人が同時に対応できないの？」と考えていくべき**です。

実際、退去の立会いもガス閉栓も、やり方を覚えれば資格がなくても誰でもできるのです。

これまでの改革で、各部署の業務プロセスは明確なマニュアル化ができていたので、管理部門にはガス閉栓の方法を、LPガス部門には退去の立会いを習得してもらい、どちらか一方のアポイントで作業が済むようにマルチタスク化を行いました。

この**マルチタスク化の最重要ポイントは、アウトソーシングと同様に「マニュアルがあること」**です。

素人や新人でも「なにをすればいいか」が明快にわかり、もしも現場で手順がわからなくなってもマニュアルを見れば対応できる。そのようにして、心理的負担を下げておくことが重要です。

ただし、マルチタスク化は従業員個人にとっては「仕事が増える」ように感じてしまいます。

そのため、業務バランスを考えることも大切ですが、改革に対する支持や温度感が高まった段階で実施していくことが、スムーズな移行につながると思います。

▼組織の再編成でシステム化への最終調整を図る

LPガス部門と管理部門の業務に関連性があるのなら、いっそひとつの部門にまとめたほうが、「ウチばっかり業務が多い」とか「なんでそっちがやらないんだ！」というムダな軋轢《あつれき》もなくし、風通しをよくできます。

そこで、両部門を「カスタマーサポート部門」として合併。同様に、**全社のマルチタスク化をスムーズに行うため、業務量の再配分をしながら組織変更**を行いました。

営業部門では、以前は賃貸担当と、売買とオーナー担当に職務が分かれていまし

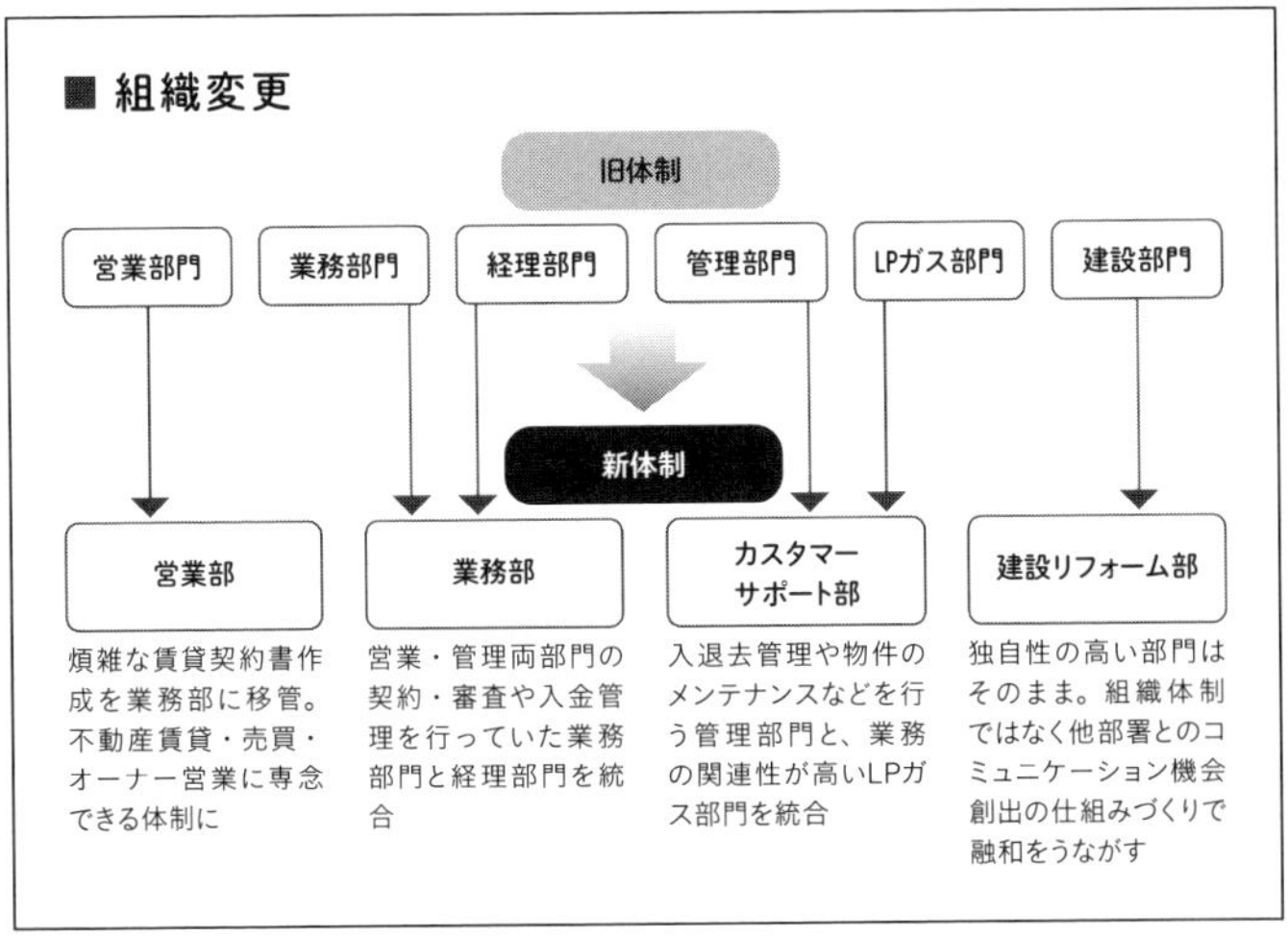
■ 組織変更
旧体制
営業部門
業務部門
経理部門
管理部門
LPガス部門
建設部門
新体制
営業部
業務部
カスタマーサポート部
建設リフォーム部
煩雑な賃貸契約書作成を業務部に移管。不動産賃貸・売買・オーナー営業に専念できる体制に
営業・管理両部門の契約・審査や入金管理を行っていた業務部門と経理部門を統合
入退去管理や物件のメンテナンスなどを行う管理部門と、業務の関連性が高いLPガス部門を統合
独自性の高い部門はそのまま。組織体制ではなく他部署とのコミュニケーション機会創出の仕組みづくりで融和をうながす

た。それをひとりの営業が賃貸・売買・オーナーへの提案にも対応できるようマルチタスク化。

一方、営業部門の役割だった賃貸契約書の作成は業務部に移管しました。そうしないと、案件を獲得すればするだけ契約書作成の業務で自分の首をしめるため、切り離すことで営業活動に集中してもらう環境を整えたのです。

業務部は、以前は営業がとってきた賃貸案件の契約処理や、管理部門のサポートとして入居者の家賃の回収や更新に関する業務を担当していました。少人数の部署なのですが、ちょっと役割が中途半端だったのです。

それなら、営業部門から契約書作成など案件獲得後の業務を持ってきて、管理部門からお金まわりの業務もまとめて取り込み、経理部門と合併することで人員を増やせばシナジーを生み出すことができます。

契約や会計に関わる業務を、アウトソーシング先（経理会社や司法書士）を活用して一人ひとりがマルチタスクで対応できるよう、仕組みを整えていきました。

以上が、「超効率ＤＸ」におけるふたつの柱である、

①業務環境の整理
②クラウド型ＣＲＭの導入

そのうちの、**「①業務環境の整理」**の全容となります。

ここまでを読んでいかが思われたでしょうか？　この章の序盤の暗澹《あんたん》たる雰囲気から打って変わって、業務環境が整理され、効率的で風通しのいい職場の雰囲気をイ

メージできませんか？

ここまで業務環境を整理することが、効率的にシステムを導入するために大切なプロセスなのです。

業務のムダがたくさんあり、複雑な状態でシステムを導入すれば、システムもまた複雑化し、使い勝手が悪くオペレーションの難しいシステムとなってしまいます。

また、マニュアルとして言語化できていない業務プロセスでは、システムの開発担当者がなにを設計すべきなのかを理解できず、開発が長期化し誤った設計を行ってしまう可能性も出てきます。

不安定な土台のうえに家を建てることができないのと同じです。まず、業務環境の土台を固めること。そのうえに、みんなが気持ちよく効率的に働ける空間としてＣＲＭなどのシステムを構築することが重要なのです。

読者のみなさま全員が、わたしと同じ不動産業界の人であれば、「カクシンクラウド」の導入を通じ、業務環境の整理においても当社が二人三脚でお手伝いをすることはできます。

しかし、他業界の人はわたしとは異なる条件下のなかで改革に挑むことになると思います。

序盤は苦しいことの連続かもしれません。

しかし、**徐々に徐々に、風向きは変わってきます。**

ぜひ、強いビジョンを持って、理想の業務環境の実現に向けて取り組んでいただきたいと思っています。

第4章

システム導入で失敗しないために絶対に必要なことは

「業務環境の整理」が完了すれば、「超効率DX」の土台は完成です。残すところは、「クラウド型CRM」を検討し、導入して、いかに現場に定着させるか――。

第4章では、システムの検討の考え方から、導入する際のポイントを紹介していきます

クラウド型CRMを導入するために大切な5つのステップ

▼順を追って整理すればやるべきことが見えてくる

さて、いよいよ、システムの導入についての話をしていきます。

例えば、インターネットで「CRM」などと検索をしただけでもあまたのシステムが出てくるのではないでしょうか。

でもいったい、どれを選べばいいのか？　なにが違うのか？　さっぱり見当がつかない……。悩むでしょうし、正直、なにを書いているのか理解するのも難しいと思います。そこでまずは、やるべきことを整理していきます。

流れとしては、簡単に説明すると次のステップになります。

〈クラウド型ＣＲＭの導入に必要な5ステップ〉

ステップ1、「業務環境の整理」を通じて、現場に最適な機能を考える

ステップ2、自社の業務に最適なクラウド型ＣＲＭを探す

ステップ3、小さくはじめられて、成果が出やすい部署から小さく導入する

ステップ4、使い方のフォローと成果のチェック

ステップ5、他部署へと導入を広げていく

システム導入と聞くと、ＩＴなどにあまり触れてこなかった人にとっては、難しく感じるかもしれませんが、一つひとつ見ていけば、そこまで難しいものではありません。

アレルギー反応を起こさず、一つずつ、実現していってください。

クラウド型CRMを導入するためのステップ1

「業務環境の整理」を通じて、現場に最適な機能を考える

▼「業務環境の整理」の過程でシステムのかたちは見えてくる

「この業務をCRMでさらに効率化できるとしたら、なにが必要かな？」

「超効率DX」を実現するためにまずやるべき「業務環境の整理」を行う過程で、みなさまの頭のなかには、きっと多くのシステム化による業務効率化のアイデアが浮かび上がってきたことと思います。

「業務環境の整理」は、単に「超効率DX」の土台を整えるだけでなく、クラウド型CRMを導入するためのステップ1、現場に最適な機能を考えるためのプロセスでもあったのです。

外側から業務を眺めているだけでは、現場にフィットしないＣＲＭを導入してしまいかねません。

現場の業務を理解していないと、使いもしない余計な機能がある割に必要な機能が見当たらないシステムを導入してしまい、いつの間にか現場で活用されなくなるのがオチです。

現に、それが多くの企業で起こり得るＤＸ失敗事例なのです。

「業務環境の整理」に取り組んできたからこそ、地に足のついた発想でシステムに求める機能を考えることができます。

それが例えばどんなものなのかを知るために、第3章で紹介したウチダレックの業務改善の事例を振り返りながら、それぞれのケースで、どんなシステムの必要性が想定できたかを考えてみましょう。

▼例1 顧客情報を蓄積し、「見える化」するデータベースがほしい

第3章の業務改善の事例のひとつに、「コールセンター業務の効率化」がありました。

課題は、アパート入居者管理などを行う管理部門で入居者向けのコールセンター対応を行っていたものの、業務が属人化して対応力にムラが生じ、特定の従業員に業務が集中するなどの非効率が発生していたことです。

そこで解決策として、各担当者の業務プロセスやノウハウを洗い出し、最善の手順としてマニュアルやトークフローを整備。コールセンター業務をアウトソーシングできる状態にして業務の効率化を実現しました。

ここから、CRMを活用してさらなる効率化や生産性向上を図るとしたら、どんな可能性が広がっているでしょうか？

それは、**CRMを活用してお問い合わせ内容を顧客情報と紐づけて管理し、事業全体の生産性向上に活かす**ことです。

いうまでもなく、お客様からのクレームや要望などのお問い合わせ内容は、サービス改善のための貴重な意見であり、しっかりと分析して事業全体で活かすべき情報です。

しかし、お問い合わせ内容や対応したことの記録をエクセルだけで管理していては、ただのコールセンターの記録簿で終わってしまいます。そのままの状態で全社に共有しても、他部署の人間がいちいち読み解いてサービス改善に活かしてくれることなど滅多にないでしょう。

だからといって、コールセンターの担当者や上長が「今週のお問い合わせ一覧」「低価格アパートで挙がりがちなご意見」など、わかりやすくレポートにして情報提供するのも手間がかかります。

それなら**「顧客情報のデータベース」としてＣＲＭを導入し、コールセンターのお問い合わせ内容や対応の記録が顧客情報と紐づけられて管理されていれば、課題を解決**することができます。

お客様のお問い合わせ履歴とＣＲＭが紐づくことによって、例えば「Ａ様」というお客様の情報をＣＲＭで開けば、いま契約しているアパートや契約書のデータ、商談記録などとともに次のような履歴がわかります。

「○年○月○日、エアコンの交換をご要望。交換後10年未満のため対応不可」
「○年○月○日、畳の色あせにより無償交換をご要望」

この情報を、営業部門ではケーススタディとして営業力の向上に役立てられます。商談記録から「どんな要望」に対し「どんな提案をしたか」の振り返りができ、結果として「設備の古さにご不満を持ってしまった」とわかるので、「同様の属性や要望のお客様には、設備の新しい部屋のご提案をしよう」と学びに変えることができるのです。

また、もし転居の際にウチダレックを再度ご利用いただけるなら、この顧客情報はダイレクトに提案に活かすことができるでしょう。

コールセンター業務を自社で対応している場合、「CTI」というコールセンター業務に特化した管理システムと、CRMを連携させれば同様のことが可能です。

CTIは電話とPCなどのコンピューターを連携させるシステムです。受電と同時に電話番号から顧客情報をPC画面に読み出したり、お問い合わせ内容をもとにトークフローを提示したり、その後のトークフローのブラッシュアップも行うなど、コールセンターの業務を幅広くサポートしてくれます。

CTIとCRMの連携により、システムが自社のコールセンター業務のさらなる効率化にも貢献してくれます。

コールセンターをアウトソーシングしている場合には、先方から送られてくるエクセルの記録簿を回収し、自動的に整理して取り込む機能がCRMにあるかを確認しておきましょう。あるいは、アウトソーシング先のシステムとCRMを連携させ、リアルタイムで対応履歴を取り込むなど効率的にCRMに情報を蓄積できるものもあります。

▼例2 部署間の連携をよりスムーズに加速させたい

ウチダレックが実施した業務改革では、各従業員のマルチタスク化と組織変更による効率化も行いました。

例えば、営業部門では「賃貸営業」「売買営業」「オーナー営業（土地所有者へのアパート経営の提案など）」それぞれに担当者が分かれていましたが、その業務をマニュアル化することで、各従業員が複数の業務に対応できるマルチタスク化を進めました。

同時に組織変更を行い、営業活動の時間を奪う原因となっていた賃貸契約書作成などの事務作業を、業務部という別部署で一括対応する体制に組み替えたのです。

そこで大切になるのは、**営業部門から業務部への橋渡しを「よりスムーズにする」**ことです。

営業はこれまで以上に案件獲得に集中し、成約件数が増加することが見込まれます。しかし、以前よりも対応件数が増加する以上、契約を獲得するたびに「こういった契約内容です。契約書の作成をお願いします」と書面やメールで引き継ぐようなアナログの案件管理をしていたのでは、伝え漏れが発生して「契約書はまだですか?」「え、どの案件? 聞いてないな」という「いった・いわない」のトラブルが頻発しかねません。

よって、**顧客情報だけでなく、案件の一連の業務フローを効率的に管理できるシステムとして、CRMの導入が不可欠**です。案件ごとの進捗状況が、どの部署からもわかりやすく「見える化」され、「いま、自分たちのところで止まっている案件」を漏らさずチェックできるような設計にすべきです。

さらに、わざわざ次の部署に「引き継ぎ」をしなくても、自分たちの作業を終えたら自動的にCRMが通知し、行うべきタスクの案内や必要書類（契約書など）の自動作成までをしておいてくれる。そんな機能があれば、作業の手を止めずに次々と処理することができ、ルーティンワークの生産性向上が可能となります。

▼例3 顧客情報や営業活動を分析する機能もほしい

かつてのウチダレックでは、物件オーナーや土地オーナーへの営業活動（新規のアパート建設や、物件のリフォームの提案など）は、難易度の高さからベテラン営業しか対応していませんでした。そこで、マニュアルを整備し、若手の営業にもチャレンジできる土台をつくったとお伝えしました。

取引をするオーナーとは何十年というお付き合いになる可能性が高いので、**商談記録などをしっかり残せるよう、ここでも顧客情報を蓄積するデータベース**として

ＣＲＭが欠かせません。

それに加え、もし過去の実績をもとに「築10年の物件にリフォーム提案すると成約率20％だが、築12年以上なら50％に跳ね上がる」という**営業活動のデータ分析を自動で行ってくれる機能**があったら、アプローチするべきオーナーの優先度がわかり、営業効率までサポートできます。

さらに個人の営業活動も分析できれば、「Ａさんは賃貸営業の成約率は40％で平均以下だが、オーナーリフォーム営業の成約率は20％と平均以上。オーナーからＡさん指名の相談も多い。Ａさんは時間をかけて深く信頼を得るのが得意なんだね。今度はその強みを1回の商談で発揮して、賃貸の業績も伸ばそう」と個性や強み、課題がわかり、従業員の育成に役立ちます。

自社の業種に合った多角的な分析機能が搭載されたＣＲＭであれば、そういったことも簡単に見えてきます。

▼例4　情報漏洩を未然に防ぐセキュリティ体制がほしい

オーナー営業は、オーナーの元に出向く訪問営業です。だからといって、オーナーの住所や資産状況などの個人情報を、手帳に写したりプリントで持ち歩いたりするのは紛失の恐れがあり、なるべく避けたいところ。

また、顧客情報を社内のサーバーで管理していると、サイバー攻撃やコンピューターウイルスによって情報を抜き取られる可能性も否定できません。

それなら、**「クラウド型ＣＲＭ」**で顧客情報を管理すれば解決できます。**情報管理の場所がオンライン上（クラウド）にあり、ベンダーの提供する高いセキュリティ体制で守ってもらえるため、自社のＰＣがウイルスに感染してもデータへの影響を心配する必要はありません。**

また、顧客情報がオンライン上で管理されるため、スマートフォンなどのあらゆる端末で出先からでもCRMにアクセスし、オーナーの情報を確認することができます。つまり、オーナーの情報を書面で持ち歩くリスクを解消することができるということです。

▼例5　WEBの申請フォームがほしい

かつてのウチダレックには、入居者の退去の手続きにこんなムダなプロセスがありました。

退去希望の入居者には、所定の「退去通知」というハガキを送ってもらうのですが、わざわざ「退去通知を拝受しました」と再び手紙で返信していたのです。

わたしがウチダレックに入ってそのプロセスはなくしたのですが、これはそもそも**システムで自動化**できるものです。お客様にとっても、WEBから「退去通知」を送れるようにすればラクですし、「拝受しました」という定型文を自動返信するシステムがあれば、それで問題ないのです。

退去通知を受けたことがＣＲＭの顧客情報にも記録され、管理部門や営業部門の人間に自動的に通知されれば「ハガキが来たことの報告」という手間も消えます。

このような、業務のなかで起こることに、必要に応じて、申請フォームや自動返信のプログラムを、あとから自由に設計できるシステムがあると重宝するでしょう。

▼システムに求める要件を整理する

第3章の「業務環境の整理」で紹介したウチダレックの事例をベースにするだけで、このようなシステムへの要件が見えてきます。実際には、さらに多くの業務改善を行うので、より多くの要件が浮かび上がることでしょう。

ウチダレックの場合、突き詰めれば「クラウド型ＣＲＭ」が最適であることがわか

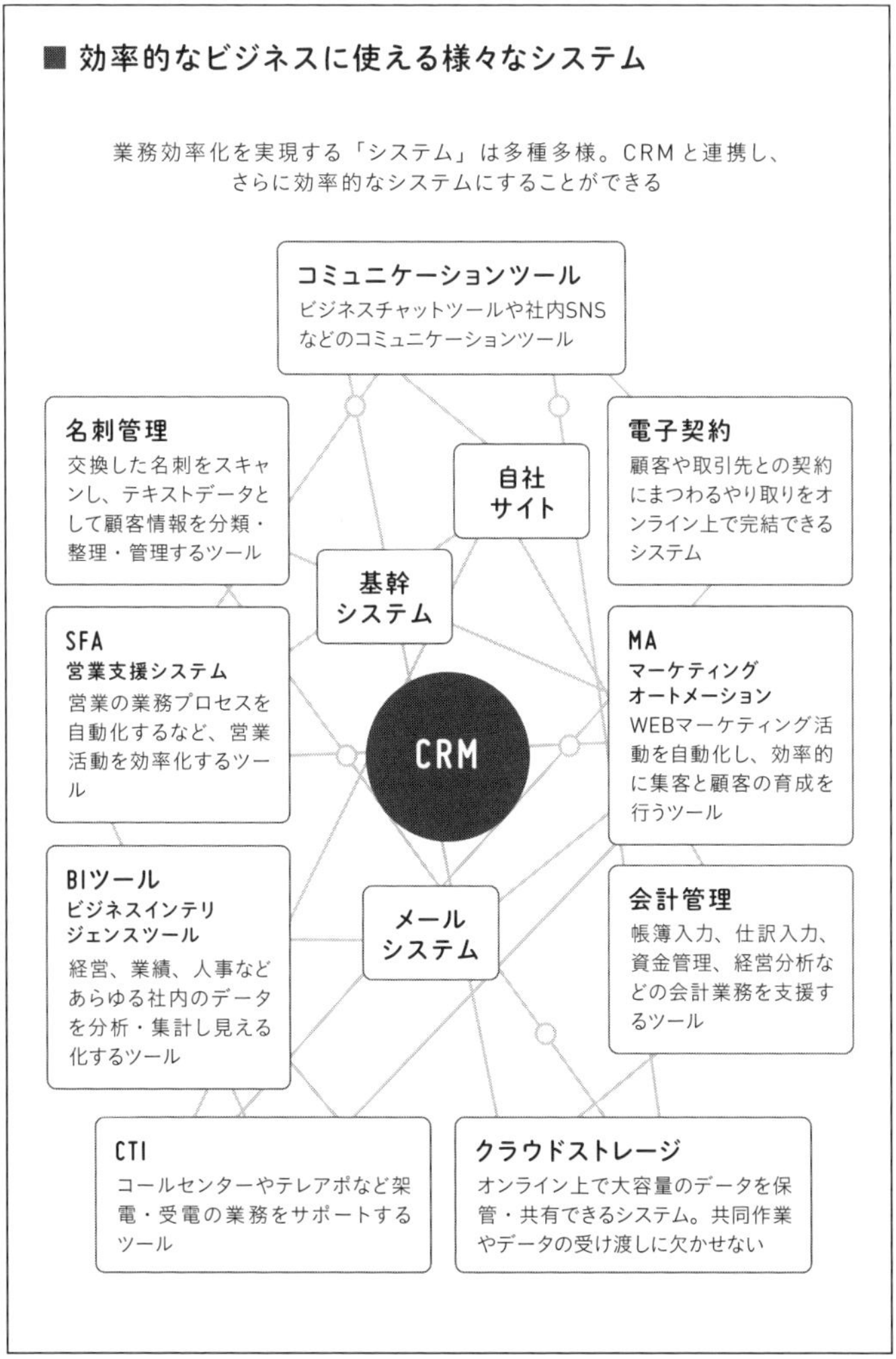
■ 効率的なビジネスに使える様々なシステム
業務効率化を実現する「システム」は多種多様。CRMと連携し、
さらに効率的なシステムにすることができる
コミュニケーションツール
ビジネスチャットツールや社内SNSなどのコミュニケーションツール
名刺管理
交換した名刺をスキャンし、テキストデータとして顧客情報を分類・整理・管理するツール
自社サイト
電子契約
顧客や取引先との契約にまつわるやり取りをオンライン上で完結できるシステム
基幹システム
SFA
営業支援システム
営業の業務プロセスを自動化するなど、営業活動を効率化するツール
CRM
MA
マーケティングオートメーション
WEBマーケティング活動を自動化し、効率的に集客と顧客の育成を行うツール
BIツール
ビジネスインテリジェンスツール
経営、業績、人事などあらゆる社内のデータを分析・集計し見える化するツール
メールシステム
会計管理
帳簿入力、仕訳入力、資金管理、経営分析などの会計業務を支援するツール
CTI
コールセンターやテレアポなど架電・受電の業務をサポートするツール
クラウドストレージ
オンライン上で大容量のデータを保管・共有できるシステム。共同作業やデータの受け渡しに欠かせない

りました。しかし、ＣＲＭが「どういうもの」で「なにができるのか」を知らなければ、これほど具体的な要件は浮かび上がりません。

業務に関連するシステムは前ページの図のように多種多様にあり、数え上げればキリがありません。しかも、それらのシステムは連携することができます。

クラウド型ＣＲＭひとつとっても、提供するＩＴベンダーによって多種多様な機能や価格帯があります。ここまで挙げた要件でも、網羅できるＣＲＭもあれば、できないものもあります。

自社に必要なシステムのあり方を整理し、どのような機能を組み込んでいくのか優先順位をつけておきましょう。それが、システムの検討にあたって判断材料となり、カスタマイズの検討材料にもなります。

クラウド型ＣＲＭを導入するためのステップ2

自社の業務に最適なクラウド型ＣＲＭを探す

▼「クラウド型ＣＲＭ」を導入すべき理由は「ＳａａＳ」だから

次にステップ2である、ＣＲＭを選ぶ際のポイントを紹介します。

すでに、みなさまが導入すべきシステムは「クラウド型ＣＲＭ」がよいと伝えてきました。ですが、**なぜ「クラウド型ＣＲＭ」なのかあらためて整理**しましょう。

ＣＲＭには「クラウド型」のほかに、「パッケージ型」や「オンプレミス型」と呼ばれるタイプもあります。

クラウド型は、ＣＲＭのシステムやデータベースを社内の機器やＰＣで管理するのではなく、ベンダーのサーバーに管理されているタイプです。わたしたちはオンラインでそこにアクセスすることでＣＲＭを利用できます。

必要な設備はＰＣひとつで済みますし、よほどインターネットの回線速度が遅くない限り、自分のＰＣにシステムがインストールされているのと変わらない感覚で使用できます。

また、どのＰＣやスマートフォンからでもアクセスできるため、**外出先や自宅でもＣＲＭにアクセスでき、場所を選ばずに業務を行うことができる**ようになります。

一方、パッケージ型やオンプレミス型といわれるタイプは、自社でサーバー機器やデータベースを構築し、ＣＲＭのシステムを自分たちで管理するものです。長い目で見ればシステム自体のコストは抑えられますが、最初に高額な設備投資費用が必要ですし、システムを管理できる知見やスキルを持った人材も用意しなければなりません。

また、社内のサーバー機器などで管理していると、機器が故障・損壊すればデータの消失も起こりますし、システムの稼働不能によって業務に支障をきたすこともあるでしょう。また、コンピューターウイルスに感染すれば、重要な顧客情報を漏洩してしまいかねません。

クラウド型のシステムであれば、少なくともみなさまが自社で管理するよりは**圧倒的に高いセキュリティ環境で顧客情報などのデータを守れます**。いま重要とされる、「情報セキュリティ」のなによりの対策となります。

これに加え、クラウド型ＣＲＭは基本的に「サブスクリプションモデル（通称：サブスク）」という従量課金制で提供されています。

クラウド型ＣＲＭとして提供されているシステムの多くは、もし企業がゼロから開発を依頼したら数千万円ではとても足りない費用がかかる代物です。それだけ費用がかかるとなれば、資本に余裕があり、費用対効果の点で規模の大きな企業にしか導入できません。

しかしいまは、月々の利用料を支払いさえすれば簡単に使うことができます。利用する人数分を、利用する期間だけ支払えばいいのですから、10人以下の企業でも効率的に導入できますし、100人超の企業が「とりあえず5人の部署から試験導入」を行うこともできます。

つまり、**資本に劣《おと》る中小企業が、大企業と同等の高性能・多機能なシステムを利用し、事業に活かすことができる**のです。これは、少し前までなら考えられなかったことではないでしょうか。

こうしたシステムは、**「SaaS（ソフトウェア・アズ・ア・サービス）」、一般に「サービス」**といわれます。「サービスとしてのソフトウェア」と直訳されるように、いま、**システムはかつてのように高額を支払って「所有するもの」から、手軽に「利用するもの」に変化**しています。

大企業でなくても、多くの中小企業や個人が最先端のシステムを導入するチャンスが生まれ、より多くの企業が使うことでデータが蓄積され、システムを改善して発展していくサービスだと見ることができます。

もちろん、月々の利用料は固定費としてかかりますが、「ＳａａＳ」であるクラウド型ＣＲＭは、世界中の利用企業の事例やデータをもとに更新され続け、つねに使いやすさの改良やサービスの拡充、最新機能の追加がなされていきます。

「ＳａａＳ」という言葉は、これからみなさまが様々なベンダーのＣＲＭを探し検討するうえで頻出の言葉ですので、頭の片隅に入れておいてください。

▼ＣＲＭはシステム連携でさらに便利になる

ＣＲＭは単体の機能だけでなく、**その他のシステムと連携することで機能を拡張**させることができます。

簡単な例では、交換した名刺から文字を読み取って顧客情報として管理してくれる「名刺管理システム」と連携すれば、自動的にＣＲＭがデータを共有し、顧客情報や取引先情報として管理してくれるようになります。

また、取引や契約には必ず会計処理が発生するため、CRMと会計システムの連携は代表的なものでしょう。例えば、顧客の入金によって契約が成立する場合、会計システムで口座への入金を確認したら自動的にCRMに通知されるようにするなど、お金の流れをCRMに取り込むことができます。

こんなふうに、SFA（営業支援システム）、MA（マーケティング支援システム）、人事管理システム、出退勤管理システム、BIツール（経営・売上・人事等の分析ツール）、CTI（コールセンター用サポートシステム）など、様々なシステムと連携して情報を互いに共有することができます。

ただし、なんでも連携できるわけではありません。

CRMと同じベンダーが提供している別のシステムならスムーズに連携ができますし、他社のシステムでも公式に連携を推奨しているものであれば、設定するだけで簡単に連携できるようになります。

しかし、そうしたサポートが与えられていないシステムと連携させようとすると、バイパスとなるシステムを設計する必要があり、ＩＴエンジニアなどのプロでないと対処することは困難です。

そのため、ＣＲＭの導入にあたって社内の既存システムとの連携を考えるのなら、どんなシステムと連携できるのかも重要な検討事項です。

その点、「ＳａａＳ」であるクラウド型ＣＲＭは、導入企業の事例などをもとに利用する可能性の高い他社システムとの連携をどんどん増やしています。導入企業の多いメジャーなＣＲＭほど連携しているシステムも多く、今後、連携できるシステムがさらに追加される可能性も高いでしょう。

▼ＣＲＭはＷＥＢだけ見ても「わかりづらい」

クラウド型ＣＲＭには、世界15万社が利用する最大手の「セールスフォース」のほか、シェアの大きなものが多数存在します。グローバル企業では、「ゾーホー」「ハブスポット」、国内企業では「ｅセールスマネージャー」や「キントーン」などが有名でしょうか。
それぞれに価格や機能、強み、カスタマイズ性、サポート体制、国産システムならではの安心感など、様々な特徴があります。

ですが、ここではシステムの比較はあえて避けておきます。システムのバージョンアップや弱点を補う新サービスの展開は頻繁であり、現時点の詳細を説明しても、翌月にはまったく条件の異なる仕様になっていることもありますし、簡単には説明しきれないほどソリューションの領域や機能が幅広いからです。

また、システムでできることが多過ぎて、各ベンダーからの説明が抽象的なものにならざるを得ないのかもしれませんが、**クラウド型ＣＲＭは、国内外の製品を問わず「ＷＥＢサイトだけ見ても機能がわかりにくい」**傾向にあります。
そのため、「このシステムは当社にマッチするかも」と思ったら、**積極的に資料請求や問い合わせをしましょう。**

資料請求や問い合わせをした時点で、ベンダーの営業担当者による追客の対象とはなりますが、そこは割り切るべきかもしれません。ただし、CRMの本質やシステムの詳細な概要においては、簡単に理解できないことは先方も承知ですから、業界特性を踏まえて懇切丁寧に説明をしてくれるはずです。

また、あなたの**要望や業種にちょうどいい活用事例セミナーや、同じ業界の活用事例資料なども提供してくれる**でしょう。

実際に導入すれば将来的にそれなりのコストを支払う以上、**こちらも「とことん利用させてもらう」気持ちで相談すること**が鉄則です。

あるいは、どうしても自分ひとりではCRMの理解や、最適な選択を行うことに不安があるようなら、**「わかる人にサポートを依頼」**してみることも一考すべきです。

知り合いや取引先、従業員の知人などでシステム導入の知見を持つ人がいれば、その人に依頼する。あるいは、知り合いを誰も頼れないのなら、コンサルティングとして依頼することです。

「クラウドワークス」に代表される、フリーランスや副業として働きたい人たちと、仕事を依頼したい企業とをマッチングさせるサービスが存在します。

そうしたサービスで「相談」を依頼し、知見を持つ人とマッチングしてもらうのです。基本的にメールやオンライン会議システムでのコミュニケーションとなりますが、多角的なアドバイスをしてもらい、比較検討のサポートをしてもらうといいでしょう。

ひとつだけ、わたしからも個人的に具体的なアドバイスをしたいと思います。

それは、**「ベンダーの社内でも使われているＣＲＭを選ぶこと」**です。

ＩＴベンダーが、自分たちと関連のない他業界のための業務システムを製造・販売しているケースも珍しくないのです。テストユーザーによる検証はもちろん行っているはずですが、それでも使い勝手が悪かったり、機能が乏しかったりする場合があります。おそらくそういったシステムを販売しているベンダーでは、業界を深く理解することが難しいがゆえの現象であると推測しています。

一方、先に紹介した「陣屋コネクト」は旅館を運営する企業が開発し、自社でも使用しているため、旅館業の業務に寄り添ったシステムであることは間違いありません。

当社の**不動産業界向けクラウド型ＣＲＭ「カクシンクラウド」**もまた、不動産会社であるウチダレック自身が使用して業務改善を実現し、いまも自分たちが必要と思う機能の開発や改良を行っています。

特定業界向けのシステム以外でも、「セールスフォース・ドットコム」は、自社が「セールスフォース」を使用する一番のヘビーユーザーですし、「サイボウズ」もサイボウズ製品シリーズを使い倒していると聞きます。

「自社がそのシステムの一番のユーザーであるベンダー」を選べば、少なくとも「ひどいシステム」にあたることはないと思います。

様々なＣＲＭを検討し、ベンダー営業担当の説明を受けたら、ＣＲＭを実際にテスト導入してみましょう。多くのＣＲＭで、半月から1カ月程度は無料でテスト導入ができるようになっているため、以下のようなステップを踏んで導入システムを検討してください。

1、クラウド型ＣＲＭをいくつか比較検討する
2、無料のテスト導入をし、ベンダーのサポートや情報提供を受けて実践してみる
3、目星をつけたら、ひとつの部署で最少アカウント数の導入をしてみる

実際に使ってみないとわからないことはたくさんあります。感触がよければ継続し、違うと思ったら別の候補を試してみる。そのようにして、最適なクラウド型ＣＲＭを見つけていきましょう。

▼ＣＲＭの「カスタマイズ」とはどういうことか？

クラウド型ＣＲＭ導入の検討にあたり、「カスタマイズ」に関してはしっかりと意

識しておかなければなりません。ＩＴが苦手な人には少しだけ面倒かもしれませんが、ポイントを記します。

「セールスフォース」をはじめ、クラウド型ＣＲＭのサイトを見ると、**「カスタマイズ性に優れる」「非エンジニアでもカスタマイズできる」**といったアピールが見受けられます。

つまり、これらの意味するところは、**ＣＲＭの初期状態では雛形が入っているだけなのです。**

そのため、自社の業務に合うようなカスタマイズは必須となります。

「非エンジニアでもカスタマイズできる」とは、ＳＥやプログラマーなど、システム開発やプログラミングに精通したエンジニアでなくても、自由にＣＲＭをカスタマイズができるということです。

少し乱暴なたとえかもしれませんが、**「プログラミングをしなくても、エクセルの感覚でシステムを組み上げられる」**というとわかりやすいでしょう。

みなさまの会社に、「エクセルの達人」はいますか？　エクセルが得意な人は、細かく関数（計算式）を組み込んで、上手にレイアウトをして、請求書や人事評価シートなどなんでもつくってしまいます。さらに、全社員分の人事評価シートを集めて集計する複雑な仕組みまでエクセルで作成するといったこともできるでしょう。

そういう人なら、**プログラミングができなくてもＣＲＭで自由にページデザインをしたり、関数を使って自動計算の仕組みを入れ込んだり、入力フォームに条件設定を組み込んだりして、自社の業務に合ったＣＲＭを設計できる**ようにつくられているのです。

この**カスタマイズ性は、やはり実際に使ってみないとわからない**と思います。テスト導入の際に操作してみて、使いこなせるかどうかを比較検討しましょう。

クラウド型CRMを導入するためのステップ3

小さくはじめられて、成果が出やすい部署から小さく導入する

▼導入のコツは「最初から完璧を目指さない」こと

次は、ステップ3の、導入の際のポイントについて説明します。

一般的に、企業が業務に関連するシステムを導入するときは、勉強会を開き、座学で使い方を理解してから実践に移ります。

ですが、それは「完成したシステム」を導入する場合のことであり、使い方さえわかれば大きなトラブルなく習熟してくれる従業員で構成されている組織のやり方です。

しかし、ウチダレックがそうであったように、**ＩＴリテラシーと業務改善の意欲が低い、システムの導入に不安が残る組織ではそうはいきません。**

もし、そんな組織で「これが当社の理想のＣＲＭだ！」と先行してシステムを完成させ組織全体にドンッと落とし込んでしまったら、どうなるでしょうか？

「どう使えばいいのか全然わからない！」と最初からお手上げの従業員、「間違って『完了』ボタン押しちゃった！　これマズいですか？　やっぱりなんだか怖いな……」と、不慣れなシステムでのミスを過剰に怖がる従業員など、各部署で「操作方法がわからない」ことが確実にトラブルを招きます。

操作がわからなければマニュアルを見て対処すればいいだけですし、操作ミスがあれば修正して戻せばいいだけなのですが、**ＩＴへの苦手意識から「過剰反応」してしまう**のです。

さらに、ＣＲＭに限らず複雑なシステムを導入した場合、**なんらかの設計ミスやエラーはつきもの**です。

「正しい数値を入力したのに、この計算結果はおかしいですよね？」

「エラーになってしまい、外部システムとうまく連携できません」

そのような現場の声を拾い、「使いながら不備があれば改修して完成させていく」のは一般的なシステム導入のアプローチです。

しかし、**そもそも業務改善に前向きでない組織では「やっぱりうまくいかなかったじゃないか」「以前の（アナログな）やり方のほうがよかったんだ」と、エラーの発生を「失敗」としてネガティブにとらえます。**

この**ネガティブな反応が同時多発すると、「業務改革は失敗」「以前のやり方がいい」という揺り戻しが集団意識として盛り上がってしまう**可能性があります。

それだけは絶対に避けたいところです。

対策としては、以下のふたつに迅速に対応しましょう。

1、操作方法のフォロー

2、システムエラーへの対処

実際のところ、こまめな対処を行うには、**ひとつの部署からのスモールスタートでＣＲＭ導入をはじめるのが得策**です。

「超効率ＤＸ」の最初のステップである「業務環境の整理」で、わたしが各部署に入り込んで業務を洗い出し標準化していったように、システム導入においても密なコミュニケーションをとりながら少しずつ習熟を図っていくといいと思います。

先に、導入するクラウド型ＣＲＭを決めるプロセスとして、以下の流れを示しました。

1、クラウド型ＣＲＭをいくつか比較検討する
2、無料のテスト導入をし、ベンダーのサポートや情報提供を受けて実践してみる
3、目星をつけたら、ひとつの部署で最少アカウント数の導入をしてみる

この流れに沿って、まずはひとつの部署から試験導入をはじめてみましょう。

その際、システムそのものを最初からつくり込む必要はありません。あくまで「試験導入」として、簡単なカスタマイズをしただけの「素のＣＲＭ」からはじめれば十分です。

そこから、従業員に慣れてもらいながらカスタマイズを積み重ねて、**ひとつの部署から業務効率化を最大限に高めていきましょう。**

これはＩＴ業界の用語ですが、こうした「まず現場で使ってみながら、完成を目指して構築していく」システムの開発方法を「**アジャイル開発**」といいます。

アジャイル開発は弱気な手段でもなんでもなく、致命的なリスクを回避しながら、

効率的かつスピーディーに実用的なシステムを完成させる開発手法として、ＩＴの世界ではスタンダードなやり方です。

従業員だけでなく、みなさま自身もＣＲＭに慣れながら、あるべきかたちを模索していかなければなりません。

はじめて組織にＣＲＭを導入するのですから、あなた自身の理解度と、従業員の理解度を育てながらシステムを開発していく、**現場とシステムの二人三脚の成長**が必要です。

そのためには、アジャイル型の導入アプローチが最適な手段といえるでしょう。

クラウド型CRMを導入するためのステップ4

使い方のフォローと成果のチェック

▼従業員の「使いこなし」を徹底的にフォローする

次のステップは、**従業員にシステムをいかに「使いこなしてもらうか」**です。

そのためには、綿密なフォローとチェックが大切です。

わたしが「業務環境の整理」をはじめたのはコールセンター業務からなので、クラウド型CRMの試験導入も同じくコールセンター業務を対象としました。

アウトソーシング先のコールセンターと、お客様からの問い合わせ内容を共有するためのシステムをCRMに組み込んだのですが、慣れないシステムなので「これ、使わないとダメですか？」「わかるかなあ……」と従業員は不安げでした。とくにベテランの従業員はＩＴリテラシーが低く、苦手意識は顕著です。それはどこの企業でも同様の傾向にあると思われます。

ですが、**事前にすべてを説明するよりも、まず使ってもらうのがいい**でしょう。「若い人は使いはじめれば覚える」と考えられていますが、やってみると年齢は関係ないと感じました。50代でもそれ以上でも、やはり「実際に使ってみる」ことがもっとも効果的な習得方法だったのです。

ＩＴの知識や経験があまりないから不安がっているわけですから、丁寧に説明したところで経験不足のままでは、そのシステムを使いこなしているイメージは湧かないものなのです。

そのため、教える側として力を注ぐべきは事前説明ではなく、アフターサポートです。ＣＲＭの導入にあたり、一応のマニュアルを作成して従業員に読んでもらいましたが、各部署で以下のアフターサポートを徹底しました。

1、隣の席から徹底サポート
2、交換日記で質問を解決
3、物理的なツールは捨てる

この3点のサポートについて簡単に解説します。

1、隣の席から徹底サポート

CRMの導入後、従業員の隣の席に座り、ひとりにつき数日かけて、ひととおりのオペレーションを説明しながら実際にやってもらいました。

その操作をしなければならない理由や、どういう点が以前より効率的になったのかを口頭できちんと説明し、一つひとつの工程に納得感を持ってもらいながら体験してもらったのです。

「なるほど。もうあの作業はやらなくていいんですね」という前向きな言葉を引き出せればもう大丈夫です。使い方を覚えなければならないという「最初の面倒」に見合う価値を実感してくれれば、従業員の気持ちもラクになっていきます。

2、交換日記で質問を解決

次に、別の従業員に徹底サポートを行っているあいだ、すでに徹底サポートを受け、自分で使いはじめている従業員が判断に迷うことがあれば、「交換日記」に書いて終業後に渡してもらうようにしました。

すぐに覚えられなかったことは、複雑だったり理解が及ばなかったりするポイントのため、1回教えただけで完璧というわけにはいきません。そこであえて、文章で残してもらうのです。

また、交換日記を受け取って回答し、戻すまでのタイムラグがあることで、自分なりに試行錯誤して考える時間をつくってもらいます。そうすることで、CRMへの理解はどんどん深まります。

交換日記に書いた質問を、そのあと従業員が自分なりに考えて解明でき、「大丈夫になりました！」となれば、使い方を理解しているという確信を得られるでしょう。

3、物理的なツールは捨てる

ＣＲＭの操作方法がまだ未習熟なうちは、ついつい元の業務手順を行おうとしてしまいます。そういった場合、元のアナログには戻れないようにしてしまいましょう。

例えば、ＣＲＭにスケジュール管理の機能がついているのにホワイトボードに手書きして出かけてしまうのなら、ホワイトボードを撤去してしまうのが解決策です。

物理的なツールを撤去し、「変わらざるを得ない環境」に持ち込むことが強制力にもなりますし、本気度を示すパフォーマンスにもなります。

クラウド型CRMを導入するためのステップ5

他部署へと導入を広げていく

▼順次、部署のシステム化を進めて統合する

ひとつの部署でCRMの導入を進めたら、必ず「成果」を公表しましょう。第3章の「業務環境の整理」で、各部署の業務プロセスを効率化したときと同様です。これまでの業務とは異なるオペレーションを習得することは、従業員にとって面倒な手間です。その手間が有意義だと伝える努力を惜しんではいけません。

労働時間や有給取得日数などの従業員個人のメリットと、売上や利益、成約率など企業のメリット双方を全社に向けて発信し、CRM導入の効果を理解してもらいます。これが、次の部署でCRM導入を行う際のモチベーションに連動していくわけです。

わたしが最初にコールセンター業務のCRM導入を優先したのは、「手をつけやすかったから」にほかなりません。その実践を通じ、みんなに理解してもらうための勘所をつかむことができました。

続くターゲットは、効率化による業績へのインパクトが見込まれる営業部門でした。コールセンターで一定の成果が出ていることがわかっているので、協力的な従業員もいる状態で進めることができたのはいうまでもありません。

その次は、営業部門から業務フローの連続性がある業務部をシステム化。こうして、部署間がCRMによってつながることで、業務フローの管理機能が活かされ、CRMの真価が発揮されます。そんな流れを経て、**全部署にまたがって一気通貫する「超効率DX」が完成**しました。

「いや、もうちょっと詳しく過程を説明してほしい」と思うかもしれません。

でも実は、**CRM導入以前の「業務環境の整理」こそが「超効率DX」のもっとも困難かつ重要なポイント**だったのです。

そこでの改革がしっかりできていれば、あとはそのプロセスに見合ったシステムを落とし込んでいくだけ。ですから、ＣＲＭ導入後は「いかに従業員をアナログ回帰させず、システムの活用を徹底させるか」が課題となるのです。

実際にＣＲＭを導入してからも、業務フローの再設計や機能の追加を行ったり、他部署と連携させたりする段階でシステムの操作方法が変わってしまい、従業員から不満が生じることもあるかもしれません。あるいは、設計したＣＲＭがうまく機能しないときも従業員のストレスは溜まります。

そのとき、「こんなに業務に支障があるならＣＲＭなんていらないよ！」と不満を爆発させないよう、基本操作に慣れてもらってから変更を行うなど、従業員の精神的な負荷を考慮した開発スケジュールを設定することが賢明です。

少しずつ育ってきた「超効率ＤＸ」への従業員の期待をしぼませないようにするためにも、最後の仕上げを慎重に行ってください。

第5章

約6万6000時間の「余裕」が生み出す未来

「超効率DX」の実現によって生み出される「時間の余裕」が、従業員の「働きやすさ」「成長」「やりがい」などを実現する資本となります。そこから育まれる「自発的で創造的な人材」と「資本の余裕」を活かし、経営者は新たな事業展開へと乗り出していくことも可能となります。第5章では、「時間の余裕」を起点にして生まれる、企業の新たな未来と役割についてお伝えします

従業員が成長を実感し、やりがいを持って働ける企業の実現へ！

▼約6万6000時間の「余裕」が生み出すもの

「約6万6000時間」

これは、ウチダレックが「超効率ＤＸ」によって削減できた、全従業員の1年間の業務時間です。

これだけの時間が削減されたからこそ、当初50人いた従業員が現在26人に半減してもなお、**残業や休日出社がほぼ解消され、週休3日制を導入**することができました。

そのうえで、人口減少が続く鳥取県米子市において業務を維持するだけでなく、売上は成長し続けています。

成長の理由はあきらかです。

業務に忙殺されることなく、時間の「余裕」が生まれたことで従業員の行動やモチベーションが目に見えて変わったからです。

賃貸営業では、

・提案事例のデータベースや業績分析をもとに、自分の提案力を磨く余裕
・お客様の来店申し込みを受け、ご来店までに提案物件を精査する余裕
・物件を自分の目で確認し、理解する余裕

こうした地道な努力にかける時間の余裕が生まれ、お客様と提案物件のマッチング力が向上しています。

また、オーナー営業の提案件数が増加したことに加え、当社が手がける物件のクオリティも高まっています。

ウチダレックには「建築部門」があり、オーナーの依頼によってアパートの設計・

建築を行いますが、**時間の余裕が生まれたことで、賃貸担当者と建築部門の定期的なディスカッションの時間をつくり出せた**のです。

賃貸担当者の把握する「お客様の声」を設計やリフォームに取り入れることで、間取りや設備、床材、壁紙の色などを工夫し、入居者、オーナーから好評を得ています。

以前なら部署の壁も厚く、互いに口出しもできない状態でしたが、**いまは組織の壁を越えて従業員が自発的に改善提案を行い、さらに生産性が高まっていくという理想論のような状態**が現実のものとなっています。

さらに管理部門は、より適時適切な入居者と物件の管理を行えるようになり、清掃や修繕の行き届いた部屋で入居者を迎えることができています。

この事業全体の総合力によって、いまでは「ウチダレックがこの街で一番いい物件をご紹介できる！」という自信を持って働くことができています。

▼「裁量」と「目標」をセットにした業務でモチベーションを育てる

従業員が進んで自らの成長のために努力し、組織全体のために業務改善のアイデアを提案するといった風土の実現には、間違いなく「余裕」が必要です。

仕事に忙殺され、来た仕事をとにかく打ち返すような業務環境では、「就業中はいま目の前にあることをこなして終わったら帰宅する」ことで手一杯になり、会社の業績や、お客様の未来、自分の成長やキャリア形成といった次元の高い意識は消えてしまいかねないからです。

ただし、それだけでは時間に余裕ができても「のんびり仕事ができればいい」という欲に勝てない人や、「わたしが意見するなんて滅相もない」と謙虚さが優ってしまう人も出てきます。

そのため、**仕事にやりがいを感じ、高い意欲を持つよう、マネジメント層が導いていくことが大切**だとわたしは考えます。

そこで、「超効率ＤＸ」によって従業員の業務に時間の余裕が生まれてきた段階で、**従業員に「目標」と「裁量」を意識して仕事をしてもらう**ようにしてきました。

単純なことなのですが、

「あなたは、賃貸営業だけでなくオーナー営業もできるようになってください」

こんな感じでミッションを伝え、やり方を細かく指示するだけでは「やらされ仕事」になります。

ある程度、業務プロセスが理解できた段階で、指示に加えて目標と裁量も加えます。

「5月までに月2本の契約を取れるようにしてください」（目標）

「経費は月〇万円まで使ってＯＫです。それから、既存のオーナーでも新規オーナーの開拓でも、どちらに挑戦してもいいですよ」（裁量）

そうやって目標と裁量を与えることで、「自分で考えて行動する余地」が生まれます。

これはあくまで一例で、実際はもう少し安心感のある振り方をしますが、考え方はこのとおりです。

「超効率DX」の実現によって、既存のオーナーの顧客情報も、過去の商談事例も、参考情報はすべてCRM上に揃っています。

また、プロセスに困ったときはマニュアル（UCHIGRAM）が用意されています。

業務遂行に必要な情報をすべて提供するだけでなく裁量も与えることで、従業員は自分の頭で考えて行動し、目標があることで自主性を持って達成への努力をします。

そして実際に目標が達成できれば、きちんとプロセスを含めて評価を行いましょう。

ただ命令されたことを評価されるのではなく、「自分の裁量で考えたこと」を評価されるからこそ「自分への評価」と受け取ることができ、達成感とやりがいを感じることができるのです。

この例はあくまで初歩的なミッションですが、こうした仕事の習慣の積み重ねが、積極的に成長しようとするマインドや、業務改善の提案を行うモチベーションとなり、自信を持って働く姿勢へとつながっていくのだと思います。

やがて、新規事業の立ち上げなど難易度の高い案件において、安心して任せることができる人材が育っていくでしょう。

「超効率DX」がもたらす「業務の見える化」が、女性の活躍推進をサポートする

▼会社でも家でも変わらぬ仕事ができる環境をつくる

「超効率DX」の実現によってできたことのひとつが、**契約社員の「正社員化」**です。ウチダレックには、以前から既婚女性を中心に多くの女性契約社員が在籍していました。正社員より成果を挙げる人もいましたが、長らく契約社員待遇のままだったのです。

残念ながら、地方社会では働く場所の選択肢が都会に比べて少なく、とくに既婚女性は優秀な能力を持ち働く意欲が高くても、家庭との両立のために契約社員や派遣社

員、パートに甘んじることが多いのが現状です。
いまの待遇に強い不満を持っていても、「いまよりいい場所で働ける保証がないから……」と考え、我慢して働くことが多いという話は、地方在住の働く女性たちからよく聞かれる話ではないでしょうか。

「従業員が成長を実感し、働きがいを感じられる企業」となることが、わたしがウチダレックに来て、父である社長と目指した理想像ですから、こうした**「もっと活躍したい女性」にも生き生きと働いてもらえる場所を提供したい**と考えていました。
人材確保の観点でも、都市圏以上に人材不足におちいる地方では、女性の働き手にフルタイムでもっと活躍できる場を用意することは重要な課題です。

しかし、契約社員は子育てや親の介護などで労働時間に制約を持つ人が多いため、当人たちも残業過多であった以前のウチダレックでは正社員になることへの抵抗と不安があったと思います。

2017年からリモートワークの導入やフレキシブルな勤務時間制度などを用意し、家庭と仕事の両立をサポートしましたが、それだけではなかなかうまくいきませんでした。

しかし、「超効率DX」によって業務分担ができる体制がしっかりとでき、労働時間が緩和されました。そして、有給取得も容易になったことなどから、契約社員のワークライフバランスへの不安を払拭し、契約社員たちの正社員化を実現できたのです。

これによってフレックスタイム制やリモートワークを効果的に活用できる土壌もできました。**CRMは自宅のPCからでもアクセスでき、自分のやるべき仕事は明確にわかりますし、CRMを通じて、「誰が」「いつ」「どんな業務」をしているかはすべての従業員に「見える化」**されているので、働くスタイルが広がったというわけです。そして、「見える化」によって従業員すべてに進捗が共有されることは、いい意味での〝強制力〟にもなります。

もちろん、朝、子どもの体調が悪ければその日はリモートワークで対応したり、リモートワーク中に昼休憩を早めに設定して子どもの授業参観に参加したりするなど、「会社が求める業務」に対応できさえすれば、働き方の判断は従業員に委《ゆだ》ねています。

リモートワークなど「働き方の自由」を提供することに、「ちゃんと働いてくれるのだろうか」と不安を覚える経営者も多いと思います。その心配はよく理解できます。なぜなら、自由は責任感と表裏一体にあるものだからです。

先に説明したように、「裁量」と「目標」に基づく自発的な業務への意識を育むことが、その心配をなくすカギになると思います。**リモートワークもフレックスタイム制も、ある意味では「働き方」という裁量を与える行為**です。その裁量を自分で判断し、与えられた目標とミッションをきちんと達成する責任感を育てることが重要なのです。

それは、経営者にとっても「任せる」経験値を積むことといえるかもしれません。

地方企業が都市圏の企業と同等のビジネスを展開できる

▼「超効率DX」の先にある新たな事業展開のあり方

「超効率DX」によって削減された年間約6万6000時間の業務時間——。これは、単純に時給1000円で計算しても、**年間6600万円の人件費の削減**となります。

中小企業にとって、このインパクトは非常に大きいでしょう。「超効率DX」におけるアウトソーシングやクラウド型CRM使用料の投資は、その額をはるかに上回るメリットを生み出します。

ただし、ウチダレックの場合は、それが「50名いた従業員が半減した」ことで、ダイレクトにキャッシュフローの改善となってしまいました。改革当初の反発から、退職していく従業員が一定数出てくることは見通していましたが、この離脱率は想定外だったのです。

「既存事業を半分の人数で行う」のではなく、本来であれば**人材を含むリソース（ヒト・モノ・カネ）の余剰を活かした、次なる事業展開**も考えられました。

本書の冒頭でもお伝えしたように、「超効率ＤＸ」の目的は人口減少によって市場が縮小しても生き残れる経営基盤をつくりあげることです。

しかし、みなさまが「超効率ＤＸ」を実現したとき、ウチダレック以上の余剰人材を生み出す可能性は十分に考えられます。そのとき、人員整理を行うのでなければ、既存事業の拡大や新規事業の立ち上げによる経営の多角化など、**攻めの経営に舵を切っていく必要**があります。

その際に、念頭に置くべきことは、**「地元の枠にとらわれない」**ことだと考えています。

「地元」という限定されたエリアでの商売は、今後、人口減少によって市場が狭まることが確実であり、継続的な事業展開のためには地元の外へと商圏を広げていく必要があるからです。

近年、山口県の醸造メーカーである旭酒造株式会社が「獺祭《だっさい》」ブランドを、全国のみならず世界を舞台に展開し、日本酒ブームを牽引したのは記憶に新しいところです。知名度を得て全国の店舗に商品を卸すだけでなく、オンラインによる直販でも収益を上げています。

また、多くの健康食品メーカーや化粧品メーカーも、地方に拠点を置きながら全国で通信販売を展開し、収益性の高いビジネスを営んでいます。

地方企業であっても、全国を舞台にビジネスを行うことは十分に可能ですし、いまやあたりまえになったといっていいでしょう。そして、オンライン会議システムや、手軽に参入できるオンライン通販のプラットフォームなど、オンラインでのビジネスを発展させる基盤が整っているいま、そのチャンスは大きく広がっています。

▼「地方企業」が全国でビジネスを展開できる時代

ウチダレックでは、2020年より新規事業として「超効率DX」の立役者である自社のCRMを「カクシンクラウド」という商品として、不動産業界向けに販売を開始しました。

当社が採用したクラウド型CRMのベンダーであるセールスフォース・ドットコムでは、ユーザーが独自に開発したシステムを「アプリ」として提供できる「AppExchange」というアプリマーケットの仕組みがあります。

ウチダレックの使用するCRMの一部を切り出し、システムを再構築。アプリマーケット上で公開し、不動産業界に特化したアプリケーションとして有償配布できるようにしたのです。

そして、ウチダレックの子会社として株式会社ワークデザインを立ち上げ、**〝不動産業界の働き方を変革するクラウド型ＣＲＭ「カクシンクラウド」〟の開発・販売・導入サポートを提供する事業を展開**しています。

この新規事業は、**人口減少のなかで従来の不動産ビジネスが縮小していく可能性を見据え、経営基盤を安定させるための多角化経営**であることはもちろんですが、なにより**「ウチダレックで実施した改革の経験を他社の改革に活かしたい」**という思いからの創業でした。

ウチダレックの「超効率ＤＸ」を行うなかで、多くの反発を受け、そして多くの人材を失ってしまった経験は、表現しがたい「わだかまり」として心に残っています。

わたしが不動産業界の初心者だったこともあって、「超効率ＤＸ」は試行錯誤の連続。

足掛け5年にわたる長期の改革となってしまい、改革自体は効率的ではなかったのです。

「もっとスピーディーに改革を実行し、スムーズに価値と効果を従業員に感じてもらえたなら、退職者数を抑えることもできたのではないか」

そんな思いから、**不動産業界のみなさまのＤＸをスピーディーに実現するためのツール**として開発を行いました。

ありがたいことに、この「カクシンクラウド」の展開を通じ、当社のＤＸ事例をセールスフォースの活用事例として大きく取り上げていただいたほか、メディア取材や業界団体、経済団体等のイベントでの登壇の機会をいただき、自分の経験を伝える場を得ることができました。

また、おかげさまで「カクシンクラウド」の認知拡大と引き合いの増加にもつなげることができています。

一方で、この「カクシンクラウド」の事業を通じ、**地方企業が都市圏の企業と同等にビジネスを行える時代であることを体現したい**とも思っています。

というのも、以前の常識であれば、全国の不動産業のお客様に向けた「カクシンクラウド」の営業活動のために、鳥取から各地へと足を運ぶことは経済的ではないため、認知拡大に成功したタイミングで、早々に東京・大阪に営業拠点を構えることが事業拡大の通例です。

しかし、**当社は現在も鳥取県米子市のみに拠点を置き、全国で営業活動や導入企業のサポート**を行っています。

それができるのは、**「オンライン化によって距離のデメリットが解消できる時代」**だからです。みなさまもご存じのとおり、コロナ禍の影響もあり、オンライン会議システムは多くの企業に普及し、社内会議も取引先との商談も採用面接もオンラインで行われています。

また、オンラインによる教育講座、フィットネス、実演販売、診療など様々な業界でサービスのオンライン化が行われています。コロナ禍では、営業に制限を受けた飲食店が食材とレシピをセットにして、オンライン通販を開始する事例なども多く見られます。

こうしたことから、オンラインによる遠隔でのサービス提供や営業活動に対する抵抗感は格段に薄まっているのです。

そのため、当社の「カクシンクラウド」の営業活動においても、商談や導入後のサポートをほぼオンライン上で完結し、当然のように全国展開をすることができています。

オンラインの活用によって、人材や事業所設置のコストを最小限に抑えながら、全国で商売を行う生産性の高い事業展開が可能となります。資本の少ない中小企業でも、複数の新規事業を多角的に展開するなどトライ&エラーの機会を多く得られることも魅力です。

▼人材確保の観点でも地方企業のデメリットを解消できる

生産性の高い事業を営めるということは、それだけ「従業員の給与水準を高める」ことにつながります。

地方に在住の場合であれば強く実感されると思いますが、**「給与が高い」ということは人材不足が深刻な地方社会において圧倒的なブランドとなり、そのエリアで人気の就職先として人材獲得のチャンスを広げる**ことができます。

一般に、地方企業の給与水準が都市圏の企業に比べて低い傾向にありますが、その理由のひとつは、地場に根ざしていることが挙げられます。

都市圏よりも経済規模の小さな市場でビジネスを行う以上、収益性に限りがあるのは当然です。

でも、オンラインを活用し、「地元」にとらわれない生産性の高いビジネスを営むことができれば、人材確保の面でも事業の継続性にメリットを発揮します。

また、**地元だけではなかなか人材確保が困難ないま、オンラインを活用した「リモートワーク採用」がビジネス成功のカギ**となります。

当社の「カクシンクラウド」の事例に話を戻します。

「カクシンクラウド」の導入サポートでは、お客様の事業について徹底的にヒアリングを行い、職場で運用している紙やエクセルの帳票、管理簿などをすべてデータでお預かりしたうえで、当社のスタッフがシステムをお客様の業務に最適なかたちにカスタマイズします。

しかし、その手厚いサポートを実現するために必要なスタッフの人数は、その時々の受注数に応じて変わります。その都度人口の母数が少ない地元で人材募集をしてレスポンスを待っていては、事業のスピードに追いつけません。

そこで、オンラインを通じて全国からリモートワークを前提に雇用をしたり、機密保持契約を結んでアウトソーシングしたりすることで、スピーディーな人材確保を行っています。

いま、こうしたリモートワーク採用は、コロナ禍による都市圏在住のリスクへの対応や、地方在住を希望する優秀な人材を確保する新たな手段として、都市圏の大企業でもはじまっています。

リモートワーク採用が今後さらに都市圏の企業で一般的になれば、地方企業が地方在住の優秀な人材を確保することはますます困難になるでしょう。

本格的な人口減少以前に起こり得る危機として、みなさまもリモートワーク採用の準備に取り掛かることをおすすめします。

地域の中小企業が「魅力的な職場」になること それが地域の活力を生み出す

▼地域創生の要は「地元企業」の体質改善にある

30年後に5分の4、そして50年後には3分の2になるといわれる国内総人口の減少。この問題は、とくに地方社会ほど激しく、近い未来、中小企業にとっては巻き返しの困難な「市場の縮小」というかたちで襲い掛かることでしょう。

その対策が、将来にわたって自社が生き残るための企業体質へと改善する「超効率DX」であることを本書で伝えてきました。

でも、たとえ30年後、50年後に自社が存続することができても、地域が衰退し、活力を失い続けるのであれば、いずれ新たな市場を探してその地を離れていかなければなりません。

わたし自身は、本当にその地域から人がいなくなり、やがて経済が止まって消えていくしかないのなら、それは地域が「人の住まう場所」としての役割を終えたのであり、仕方のないことだととらえています。

ですが、**地域の役割を生み出し残すのも、やがて失わせるのも、そこに住まう人々次第**です。

2021年現在はコロナ禍の影響により下火となっていますが、近年、「地域創生」の言葉とともに自治体と行政がキャンペーンを実施し、地方への移住促進や、水産業・農業など地域産業の担い手の募集、あるいは大企業の誘致によって働く場所をつくり、地域経済の再生を図ろうとする取り組みが行われています。

いわば、**「外から人を呼び込む」働きかけ**です。

しかし、外ではなく、**もっと地域のなかにある地元企業の可能性に目を向けてもいいのではないか**と思うのです。

わたしは、祖父が生み、父が育てたウチダレックは素晴らしい会社だと思っています。現代に見合うかたちにビジネスモデルを変えていく必要こそありましたが、長年にわたって地元企業が大手ハウスメーカーの下請けに甘んじることなくアパートの建築段階から人々の住まいを手がけ、より多くの仕事を地域に生み出してきました。

また、つねに地域の発展を考え、地域のイベントに協力し、地域の歴史のひとつになってきました。

子どもの頃のわたしの記憶では、父はほとんど家にいたことがありません。それほど、その半生を地域の住まいづくりに奔走《ほんそう》してきたのです。

同じように、**この鳥取県米子市には「いい会社だな」と思う企業はたくさんあります。**地方であれ、都市圏であれ、地域に根ざす中小企業のみなさまは同じ思いを持っているのではないでしょうか。

ただ、**かつてのウチダレックと同様に、多くの地元企業は働き方に課題を抱えているように感じます。**

これは、跡継ぎがいて次世代に継承されただけでは、そうそう変わりません。

でももし、そうした企業が、事業規模は小さくとも働きやすく、成長できる環境があり、都会の企業と変わらない給料が支払われ、将来にわたって安心できる財務体質の企業に改善されたらどうでしょうか?

地方にありながら全国でビジネスを展開し、東京や大阪と変わらない先進的な働き方をする企業があったらどうでしょうか?

きっと「僕が、わたしが、この会社をもっと成長させてやろう!」と思って隣県からも多くの人がわたしたちの地元にやってきて、地域に住む人も増えるでしょう。もしかしたら、東京や大阪から移住してくる人もいるかもしれません。

それは、夢見がちな話に過ぎないでしょうか。

▼若者は地元企業に期待しているのかもしれない

でも、そんな夢見がちな理想論が**「あながち理想論じゃないのかもな」**と思うことがありました。

2020年の夏、就職情報サービスを展開する株式会社マイナビが中国地方で開催した就職イベントに、ウチダレックも参加したのです。

当社の「カクシンクラウド」や「超効率DX」の事例もあることから、わたしがカンファレンスに登壇させていただき、就職活動をしている学生の前でお話をさせていただきました。

なんと、多くの大企業も集まるイベントにもかかわらず、**わたしの講演に当日来場していた学生の約半数が集まってくれた**のです。

その日一番の集客数であったようです。

それほどに、**学生は地元企業の提供する「働き方」に強い関心を持っています。**

多くの若者が「生まれ育った地元や、その近くで働きたい」と願いながら、希望が持てずに都市圏へと上京していきます。

または、地元を離れることができないなかで、〝安全策〟として役所や金融機関に就職することもあります。あるいは、本人としては不本意な企業で将来への不安を抱えながら我慢して働いているという声も聞きます。

「もっと地元企業が魅力的な職場であってほしい」と願っているのは、わたしたち以上に地元の若者たちなのかもしれません。

▼地元企業のアクションが「関係人口」を生み出す

地元企業が「人を呼ぶ会社」になれば、その地にやってくるのは自社で働くことになる従業員ばかりではありません。
「カクシンクラウド」の事業を通じて、たくさんのお客様や協力してくれる取引先とオンラインで話をしているのですが、オンラインで人とのつながりができると「その人のいる街に行ってみたい」と思うものです。
たくさんのお客様から、「米子にも一度行ってみたいですね」という声をかけてもらいますし、わたしもお客様のいる地域に興味を持ち、「いつか行ってみたいな」と感じます。また、実際に米子に来てくれた人たちもいます。

こういった**仕事に関連する人のつながりを「関係人口」**といい、地域創生の取り組みでも移住者を呼ぶばかりでなく、外部から地域の活性化に関わってくれる「関係人口」を増やす取り組みが増えているそうです。つまり、**「地域とのご縁」をたくさんつくる取り組み**です。

わたしたち地元企業も、地元の企業同士のつながりばかりでなく、オンラインを活用して地域外の人々とつながっていくことで「関係人口」を増やすことができます。仕事でつながった東京のお客様が、人づてにウチダレックや「カクシンクラウド」を紹介してくださり、関心を持つ人が増えたりすれば、まわり回って鳥取県米子市という地域をリマインドすることにもなります。

いつか観光や仕事でご縁がつながるかもしれません。

いつ芽吹くともわからない種をまくような取り組みですが、多くの地元企業が地域外の企業やお客様と関わり合うビジネスを営めば、必然的に地元を訪れる人が増えることは頷けるのではないかと思います。

▼「超効率ＤＸ」を進化させ、より多くの中小企業を〝触発〟する

ウチダレックはもう十分な業務効率化を果たしたから、もう「超効率ＤＸ」は一段落かというと、まったくそんなことはありません。

「超効率ＤＸ」の取り組みは、ただ社内の業務効率化につながるだけでなく、ひいてはお客様や土地などのオーナーらの利便性につながる取り組みです。

作成に3営業日かかっていた賃貸契約書が現在は1営業日でできるのなら、さらに当日すぐにできればもっとよろこばれるのは当然のこと。サービスの追求に終わりはないのです。

２０２１年5月現在も、当社のＣＲＭはさらなる進化を予定しています。

「ＣＲＭで、そんなこともできるんだ！」と驚かれるかもしれません。

参考としていくつか例を紹介しましょう。

・メーラーの取り込み

ＣＲＭにメーラー（Ｅメールを送受信するツール）を取り込み、ＣＲＭでお客様とのメール送受信をすべて管理できるようにしています。

例えば、「スーモ」や「アットホーム」といった物件情報サイトからお客様が当社管理物件に内見予約を申し込むと、その情報はメールとして当社に送られてきます。メーラーを取り込むことで、サイトごとの申込件数や成約率をデータとして分析できるようになり、今後のＷＥＢ広告の配分を検討するのに役立てることができます。

・自動お見積もり機能

ウチダレックでは自社ＷＥＢサイトでも自社管理物件の紹介をしています。ＷＥＢサイトとＣＲＭを紐づけ、「自動お見積もり機能」を搭載する予定です。物件を選択していただくと、ＣＲＭが家賃と敷金・礼金・火災保険等の費用を算出し、初期費用をご案内する機能です。

・ＬＩＮＥとＣＲＭの連携

ウチダレックのＬＩＮＥ公式アカウントとＣＲＭを連携させ、お客様とのＬＩＮＥのやり取りの履歴を顧客情報として記録する機能です。

・物件のレコメンド機能

自社ＷＥＢサイトを訪れたお客様の性別・年齢などの属性情報を読み取り、過去の様々なお客様の賃貸契約事例をもとに、ＡＩが最適な物件をレコメンド（提案）する機能です。

こうした新機能は、ウチダレック社内のＣＲＭで実装して検証したのち、不動産業界のみなさまに提供する「カクシンクラウド」にも新サービスとして機能を追加していく予定です。

これからも、社内のＣＲＭと「カクシンクラウド」の新機能の開発のみならず、業務プロセスのあり方や、これまでにないアウトソーシング先、従業員のモチベーション喚起など**「超効率ＤＸ」のノウハウもさらに進化**させていきます。

また、既存事業との新しいシナジーを生み出す革新的な新業態の開発なども、積極的に取り組んでいきたいと考えています。

なぜなら、新たな取り組みについて、地元の経営者との交流や、メディア取材、講演活動を通じて伝えていくことで**「地方の中小企業なのに、そんなことをしているの？」「CRMでそんなこともできるの？」という驚きを感じてもらいたい**と思っているからです。

ＤＸに関心を持つ人が１００人集まる場でお話ししても、実際に検討をしたり、取り組んだりしてくれる人はごくわずかで、それこそ5人程度かもしれません。

それでも、その5人が挑戦し「超効率ＤＸ」を実現して効果を出したなら、きっと身近な人にその経験を伝えるでしょう。

「ＤＸ」は多くの中小企業経営者にとって「なんとなく縁の薄いもの」に感じられます。

だからこそ、**「知り合い」や「身近な経営者」が実現したなら、急に現実味を帯びて「自分もやってみようかな」と触発をされる**はず。

中小企業経営者のネットワーク、地方企業のネットワーク、業界団体のネットワークなど、人のつながりを通じてＤＸへの意識改革につながっていく、その起点にわたしの「超効率ＤＸ」がなれることを願って、また新たな改革に挑戦していきたいと考えています。

本書を読んで触発されたみなさまの「超効率ＤＸ」への挑戦と成功を、心より願っています。

特別
インタビュー

オールドエコノミーの経営者から見た「超効率DX」

ウチダレックの「超効率DX」が成功した背景には、父であり現社長である内田良一氏の理解と協力があったことは間違いない。「現代に見合わない古い企業体質の改善が必要だ」と跡継ぎからいわれたとき、手塩にかけて育てた従業員が退職したとき、どのような心境であったのか？　なぜ、経営者としての否定にも受け取れる改革に賛同することができたのか？　本書編集担当がその真意を聞く

内田良一（うちだ・りょういち）

ウチダレック代表取締役社長
１９５３年生まれ。１９８０年に父親が創業した内田不動産（その後ウチダレックに社名変更）に入社。様々な改革を施し、会社を米子市でも有数の不動産会社に成長させる

市場のニーズに応えるため、経営者は自分と会社を「変革」させていく

▼がむしゃらに働くことが成長につながった「創業期」

――内田良一社長（以降内田）が2代目を継いだ当時のウチダレックはどのような会社でしたか？

内田　わたしの父、つまりＤＸを推進した専務（内田光治）の祖父が創業したウチダレックにわたしが加わったのが、およそ40年前。当時、わたしは27歳でした。机と電話、応接用の長椅子《いす》を置いただけ、それこそトイレもない３坪の事務所で父とわたしと事務員の３名で営む個人事業でした。

1970年代は人口ボーナスの時代であり、核家族化が進んだことでニューファミリーの住宅需要が大きく、賃貸物件の所有者から管理を取りつければ貸し手には困らない時代でした。

当時、借家や土地は農家さんが持っていましたから、真夏でも麦わら帽子をかぶって自転車で農家さんを毎日「御用聞き」に訪ねてまわりましたね。

夜はほとんど毎晩、酒を呑んで交流を深め、つながりをつくっていくようなイメージです。

いまでは考えがたく、非効率なのかもしれませんが、当時、米子市の西部地区だけで200を超える競合の不動産業者がいましたから、土地・物件の所有者とより広く深いつながりをつくり、実績をあげて信用を稼ぐことが、仕事を任せてもらうための営業活動だったのです。

――そこから50名規模の事業に成長するまで、どのような転換期がありましたか？

内田　転換期はいくつもありました。

ただ借家やアパートを管理するだけでなく、建築工事、そして、LPガスと上下水道の設備工事も対応できるようにして、ワンストップの管理サービスを提供したこともそうですね。

また、ウチダレックの商圏では、大手ハウスメーカーのA社が低層アパートの建築で約7割のシェアを持っていましたから、正月でも朝からどんどん営業に行って地道に信頼を稼ぎました。

農家さんとのつながりを活かし、アパート建設などの土地活用の相談があればA社を紹介することで信頼関係をつくり、最終的にA社のアパート管理をすべて任せてもらえるようになったのです。

その頃には法人化して、営業職だけで7〜8名の規模には成長していました。父が体調を崩して現場を離れたこともあり、わたしが社長として切り盛りをしていたので、とにかく必死でした。それはそれで楽しかったですけどね。

▼9割の仕事を失うリスクを取った「変革期」

——しかし、A社とは袂《たもと》を分かつことになったのですよね？

内田　建築士を1名採用して、自社でアパートや戸建ての建築もできるようにしたのですが、それがA社に弓を引く行為になってしまいました。当時、A社が建設したアパートの管理はウチダレックが取り扱う賃貸物件の約9割を占めていましたから、それはもう大打撃です。

社内外でさんざん「会社が潰れる」とか「手形が不渡りになる」とかいわれましたよ。

——そうなることは承知のうえでの判断だった？

内田　そうです。これから先の事業成長を考えれば、小さなマーケットで無難な勝負をしていてもうだつが上がらないし、もっと地域のお客様に対してできることがあるのではないかと考えていました。

借家や土地を持つ農家の方々をはじめ、地域のお客様との深い信頼関係を持っている自信はありましたから、**「ここらでリスクを取って変革を起こさなければいけない」**と思ったのです。

多くの経営者は、そういった変革をいやがって避けてしまいます。当時のわたしも、それから眠れない夜が続きました。でも、会社の成長も自分自身の成長も、**「覚悟を持って判断から逃げない」**からできるのだと、その経験から学びました。

わたしはもともとネガティブな男だったんです。なにかにつけて、すぐ悪く考え込んでしまって行動ができなかった。でも、**自分を逃げられない環境に追い込んだおかげで変わることができた**と思っています。

――会社の発展は社長次第ということですね。

内田　最終的に経営判断をするのは社長ですから、社長次第なのでしょう。「電信柱が高いのも、郵便ポストが赤いのも社長の責任である」「事業経営の成否は99％社長で決まる」

そう教えてくださった経営コンサルタントの一倉定先生の影響を受けて、その思いはさらに強まりました。

――一倉先生の教えが、現在のウチダレックの発展につながっている？

内田　もともと一営業マンであったわたしが社長になって、経営の指針を求めていたときに出会ったのが、一倉先生の教えです。

「お客様第一主義」「環境整備を徹底する」「クレーム処理に誠意を尽くす」といった、現在もウチダレックが掲げる3つの基本方針は、その教えを受けて打ち立てたものです。

お客様あっての会社であり、みんなの給料も出るのだということを忘れてはなりません。「クレーム処理に誠意を尽くす」のも、お客様の要求に応えるためにはクレームから学ぶ必要がありますし、しっかり対応して信頼を守っていくことが大切です。

そして、「環境整備」は「4S」といわれる整理・整頓・清掃・清潔のほか、「時を守り、場を清め、礼を正す」という人間的な基本精神も含まれます。それが社風をつくり、人をつくるという考え方です。

ただし、こうした先生の教えを翻《ひるがえ》って考えると、先生のおっしゃることは**「従業員第一主義」**なのではないか、とわたしは思うのです。**「お客様第一主義」の精神を通じ、「人を育てること」が経営における肝要**なのだと思います。

▼人が離れることは辛い。それでも「変わらなければならなかった」

――「超効率DX」を通じて従業員が退職してしまったことに、どのような思いがありますか？

内田　それまで自分たちのやってきた仕事のやり方、仕組みもすべて変わってしまえば、退職者が出ることは覚悟していました。ただ……彼ら彼女らは、わたしが面接をし、採用して、手塩にかけて仕事や考え方を教えてきた従業員です。それは自分の身を切られるような思いがありました。

でも、20年前にわたしも同じことをしているんです。

大手ハウスメーカーと縁が切れたときも、一倉先生の教えをもとに「環境整備」などを取り入れたときもそう。経営方針を大きく変えるとき、「ついて行きたくない」と考える退職者が出るのは当然です。彼ら彼女らにも、働き方を選択する自由があるわけですから。

――内田社長も「いま、変革の必要がある」と考えていたのですか？

内田　ご存じのように、人口ボーナスの時代は遠く過ぎ、いまは「人口オーナス」といわれる少子高齢の時代です。

人口減少によってマーケットが縮小することはあきらかなのですから、従来の事業のあり方が維持できるわけがないのです。

これも一倉先生の教えですが、お客様の変化、つまり**市場の変化に合わせて会社をつくり変えていくことは、まさに社長の役割**です。

自分のかつての成功体験が、毎日深夜まで仕事をして努力することにありましたし、社員にもその姿勢を評価してきました。でも、自己変革して生産性の高い事業にしなければいけない。

あるいは、新しいビジネスを起こし、**これまで自分が築き上げた不動産事業が「祖業に過ぎないもの」にしていかないと生き残っていけないと**いう危機感を持っていました。

——それについていけない従業員がいても、変わらなければならない。

内田　そうです。専務の改革に対し、「本当にこれでいいんですか？」とわたしに訴える従業員もいました。わたしは「会社をよくするための判断だから、この改革は継続する。与えられた環境のなかで自分のパフォーマンスを最高にするのがあなたの務めなのだから、頑張ってほしい」と伝えてきました。

その結果、新しい環境に自分を合わせるのか、自分の信じる働き方を受け入れる会社に移るのかは、各自の判断です。仮にわたしが従業員の立場でも、その葛藤はあっただろうと理解しています。ただ、辞めていく従業員の再就職の心配はあまりしていませんでした。

わたし自身は経営者として、**「ウチダレックで働いていた」といえば他社でも採用してもらえるだけの、信頼に恥じない経営と環境整備を通じた従業員教育をしてきたつもりだからです。**

みんな従来の仕事のあり方のなかで一生懸命に頑張ってきた、力のある人間たちです。実際に、辞めた従業員はみんな、この地域のそれなりに大きな会社に移ることができました。

――変化のなかにあっても、「人を育てること」を大切にしなければなりませんね。

内田　はい。この先も世の中のスタンダードはどんどん変化するでしょう。その変化に対応し、ビジネスモデルや働き方を柔軟に変えていっても、**「人を育てること」を通じて地域やお客様、取引先の信頼を大切にする経営の本質は変わってはいけない**ですね。

▼いま、3代目への事業継承について思うこと

――内田社長自身はDXや業務効率化に取り組む予定はあったのですか？

内田　残念ながら自分はデジタルの感度が低く、DXといってもどうすればいいのか

わからなかったのが正直なところです。その意味では、専務（息子・内田光治）が帰ってきたのは、当初は事業継承という以前に、「会社を変えるための適任の人が来てくれたな」と感じていました。

もう5年前のことですか。業務の属人化や紙ベースの業務など、古い業務環境と企業体質によって非常に生産性が低いことを突きつけられました。変革の必要は自分でも感じていたわけですが、苦々しい思いはありましたね。

――内田社長自身は、「超効率ＤＸ」への不信や不安はなかったのですか？

内田　何度も激論を交わして、問題意識は共通していますし、彼のやろうとしていることへの理解はできました。ですが、**「この改革にかけてみるか」と思えたのは、彼の経営者としての姿勢**ですね。

自分にはない発想や知見だけでなく、従業員の反発を食らいながらも取り組む姿に、「現状に甘んじない変革の精神」や「やり切る力」を感じました。

――自分と同じ経営者の精神を感じ、頼もしく思えた？

内田　うーん、どうですかね。ただ、彼もまた経営者という逃げられない道を歩み、自分を追い込む選択をしたということは間違いありません。そこに同じ志を持つ仲間が増えたうれしさはありましたよね。

事業継承にもいろいろなかたちがあります。地方ですと、「跡継ぎの仕事は業務よりも青年会議所や経営者団体で人脈をつくることだよ」といわれることもあるんです。その結果、政治家になる人や、人脈を活かして会社を拡大させる人もいますからそれは一理あるのでしょう。

ですが、それが常道といえる時代ではなくなっています。

古い時代の陳腐化したビジネスにそのまま乗っかっても、生き残れるはずはないのですから。

仕事のなかでリスクに挑み、彼が**自分の判断で挫折とジャッジを繰り返しながら会社を成長させて進むしかない**わけです。

これからの経営を背負うのは3代目となる彼ですから、わたしが古いビジネスモデルを引き合いに出してどうこういうものではないでしょう。

これからのわたしの役割はアドバイスです。

業績の伸びる上り坂でのブレーキの掛け方、低迷する下り坂でのアクセルを踏みなおすタイミング、不測の事態におけるニュートラル走行のしかた。そういった、経営の勘所を伝えていければいいですし、それによってウチダレックの改革がどんどん進んでいくといいでしょうね。

おわりに

最後まで読んでいただき、ありがとうございました。わたしがこれまでに行ってきた講演や、「カクシンクラウド」契約者さまとの会話のなかでも、ここまで詳細に自分の考えや経験を伝える場はありませんでした。なぜなら、DXについてのさわりをお伝えするぐらいでは、「ウチは無理ですよ、ウチの業界は特殊だから……」と返されてしまうことがほとんどだったからです。

しかし、日本でもっとも人口の少ない（＝市場の小さい）鳥取県で、しかも業界内の人間からすれば「業務内容が特殊」な不動産会社でも、DX改革を成功させることはできるのですから、どんな業界でも改革は可能なのです。

ただし本書で説明したとおり、その改善プロセスは泥臭く、とても地道です。地道であるがゆえに、成果が出ます。それがDXの本質であり、「手軽にパッ」というイメージにとらわれて実施した企業がＤＸに失望し、失敗していくのだと思います。

ＤＸは、トップや経営層の理解と関与が非常に大切です。ときに社内の反発を抑え込み、強いリーダーシップで改革を推し進める必要があるからです。トップが先頭に立って長年積もったムダを大掃除し、会社をどんどんリフォームしていきましょう。

自社の根本的な業務のあり方を変えていくのですから、「地方企業」であることや「業界の特殊事情」は関係ありません。まずは、ＤＸ実現のために、業務を整理整頓してください。

そして業務がきれいに整頓された頃には、業務効率を高めた成果が出て、改善の苦労が報われ楽しくなってくるはずです。そして、「クラウド型ＣＲＭ」をはじめとするＩＴツールを自社に取り入れるイメージとモチベーションが湧いてくるでしょう。

本書が、一歩を踏み出すきっかけになればうれしく思います。

株式会社ワークデザイン代表取締役／株式会社ウチダレック専務取締役
内田光治

内田光治（うちだ・みつはる）

株式会社ワークデザイン代表取締役 兼
株式会社ウチダレック専務取締役

1986年鳥取県生まれ。

慶應義塾大学経済学部を経て、慶應義塾大学大学院経営管理研究科（MBA）修了。

楽天株式会社、フィンテックのベンチャー企業株式会社ネットプロテクションズを経て、株式会社ウチダレックに入社。

繁忙期の深夜残業、業務の属人化を目の当たりにし、地方の人口減少下においても、成長し続けられる働きやすい企業を目指し、業務のDX化を軸とした業務改革を実行。

不動産業界初の週休3日を導入、同時に社員ひとりあたりの営業利益2.5倍を達成。

総務省が共催している「2020年度　全国中小企業クラウド実践大賞」で「全国商工会連合会会長賞」を受賞するなど、その取り組みは、全国的に高い評価を得ている。

現在は、自社での経験をもとに開発した業務効率化クラウドサービス「カクシンクラウド」を開発／販売する株式会社ワークデザイン代表取締役 兼 株式会社ウチダレック専務取締役を務める。

仕事のムダをゼロにする
超効率DXのコツ全部教えます。

発行日　2021 年 7 月 6 日　第 1 刷

著者　内田光治

本書プロジェクトチーム
編集統括　柿内尚文
編集担当　中村悟志
編集協力　岩川悟（合同会社スリップストリーム）、吉田大悟
協力　内田良一（ウチダレック）、島下由加
デザイン　山之口正和、沢田幸平（OKIKATA）
カバーイラスト　二村 大輔
本文イラスト　石玉サコ
DTP　ユニオンワークス
校正　文字工房燦光

営業統括　丸山敏生
営業推進　増尾友裕、綱脇愛、大原桂子、桐山敦子、矢部愛、寺内未来子
販売促進　池田孝一郎、石井耕平、熊切絵理、菊山清佳、吉村寿美子、矢橋寛子、遠藤真知子、森田真紀、大村かおり、高垣知子、氏家和佳子
プロモーション　山田美恵、藤野茉友、林屋成一郎
講演・マネジメント事業　斎藤和佳、志水公美

編集　小林英史、舘瑞恵、栗田亘、村上芳子、大住兼正、菊地貴広
メディア開発　池田剛、中山景、長野太介、多湖元毅
管理部　八木宏之、早坂裕子、生越こずえ、名児耶美咲、金井昭彦
マネジメント　坂下毅
発行人　高橋克佳

発行所　株式会社アスコム

〒105-0003
東京都港区西新橋2-23-1　3東洋海事ビル
編集部　TEL：03-5425-6627
営業局　TEL：03-5425-6626　FAX：03-5425-6770

印刷・製本　株式会社光邦

Printed in Japan ISBN 978-4-7762-1141-9

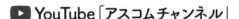